普通高等学校"十四五"规划汉语国际教育一流专业建设
暨教育部师范类专业认证特色实践精品教材

# 编写委员会

## 顾 问

李向农　华中师范大学教授、博士生导师
　　　　教育部师范类专业认证专家组组长
汪国胜　华中师范大学教授、博士生导师
　　　　华中师范大学国家语言文字推广基地主任
　　　　教育部人文社会科学重点研究基地语言与语言教育研究中心主任
杨荣祥　北京大学中文系人文特聘教授、博士生导师
　　　　北京大学国家语言文字推广基地首席专家

## 总主编

盛银花　湖北第二师范学院文学院教授

## 编 委（按姓氏拼音排序）

| | |
|---|---|
| 程乐乐（武汉大学） | 戴　峰（湖北第二师范学院） |
| 方　正（黄冈师范学院） | 郭　彧（湖北科技学院） |
| 黄均凤（湖北第二师范学院） | 李汉桥（湖北第二师范学院） |
| 骆　琳（华中科技大学） | 马　英（湖北第二师范学院） |
| 欧阳晓芳（武汉大学） | 盛银花（湖北第二师范学院） |
| 汤天勇（黄冈师范学院） | 童　琴（湖北第二师范学院） |
| 夏　耕（中南民族大学） | 余志平（湖北工程学院） |
| 曾　丹（江汉大学） | 曾　君（湖北工业大学） |
| 张鹏飞（湖北大学） | |

普通高等学校"十四五"规划汉语国际教育一流专业建设
暨教育部师范类专业认证特色实践精品教材

○ 2022年湖北省高等学校省级教学研究项目"双一流背景下的汉语国际教育'微课+翻转课堂'实践教学模式研究"（项目编号：2022440）成果

# 汉语作为第二语言课堂教学与实践

黄均凤　程乐乐◎编著

华中科技大学出版社
http://press.hust.edu.cn
中国·武汉

## 内容提要

本教材属于汉语国际教育专业本科教材的一种。本教材将专业理论知识、专业背景知识与实践操作相结合,目的在于培养和提高学生运用所学知识开展汉语作为第二语言教学的能力。我们认为,教学能力来源于专业的实践性知识,在获得实践性知识之前,学生必须掌握扎实的专业理论知识,然后在有规划的专业教学实践指导下逐渐获得实践性知识。为了实现这一目的,本教材每章均设计了三个板块:专业理论知识/背景知识、教学方法以及具体的教学实践。同时,为了巩固学生所学知识,引导学生观察和分析汉语作为第二语言的学习者在学习汉语过程中遇到的各种问题,培养他们的专业实践性能力,每章还设置了"课后思考"。本教材适合高校汉语国际教育专业教师和学生使用,也可供有意从事汉语国际教育的人士以及准备参加汉语教师志愿者出国面试的人士参考。

**图书在版编目(CIP)数据**

汉语作为第二语言课堂教学与实践/黄均凤,程乐乐编著.—武汉:华中科技大学出版社,2023.11
ISBN 978-7-5772-0083-5

Ⅰ.①汉… Ⅱ.①黄… ②程… Ⅲ.①汉语-对外汉语教学-课堂教学 Ⅳ.①H195

中国国家版本馆 CIP 数据核字(2023)第 219546 号

### 汉语作为第二语言课堂教学与实践
Hanyu Zuowei Di-er Yuyan Ketang Jiaoxue yu Shijian

黄均凤　程乐乐　编著

策划编辑:周晓方　杨　玲
责任编辑:周　天　余晓亮
封面设计:原色设计
责任校对:张汇娟
责任监印:周治超

出版发行:华中科技大学出版社(中国·武汉)　　电话:(027)81321913
　　　　　武汉市东湖新技术开发区华工科技园　　邮编:430223

录　　排:华中科技大学惠友文印中心
印　　刷:湖北恒泰印务有限公司
开　　本:787mm×1092mm　1/16
印　　张:9.75　插页:2
字　　数:186千字
版　　次:2023年11月第1版第1次印刷
定　　价:39.90元

本书若有印装质量问题,请向出版社营销中心调换
全国免费服务热线:400-6679-118　竭诚为您服务
版权所有　侵权必究

Introduction

　　我们要为谁培养人才,以及培养什么样的人才,是高等师范教育人才培养需要首先明确的重要问题。教育部《教师教育振兴行动计划(2018—2022年)》明确指出,"教师教育是教育事业的工作母机,是提升教育质量的动力源泉",师范院校应"采取切实措施建强做优教师教育,推动教师教育改革发展,全面提升教师素质能力"。国家"双一流"建设和新文科建设中关于师范生的培养终极目标是"有理想信念、有道德情操、有扎实知识、有仁爱之心"的优秀教师。2017年开始的高等学校师范类专业认证,秉持学生中心、产出导向、持续改进的理念,设定的毕业要求是践行师德、学会教学、学会育人、学会发展,对师范生的培养有了明确的标准。2019年,教育部开始实施一流本科专业建设"双万计划",呼唤教育教学深度改革。同年,中共中央、国务院印发的《中国教育现代化2035》强调:中国特色教师教育体系应"强化职前教师培养和职后教师发展的有机衔接。夯实教师专业发展体系,推动教师终身学习和专业自主发展","加强课程教材体系建设,科学规划大中小学课程,分类制定课程标准,充分利用现代信息技术,丰富并创新课程形式"。在这样的背景下,为了响应师范类专业认证要求和一流本科专业建设、一流本科课程建设要求,我们决定组织编写特色实践系列教材。

　　2019年以来,湖北第二师范学院汉语言文学专业先后获批为省级和国家级一流本科专业建设点,通过了教育部师范专业认证(中学教育第二级),2020年汉语国际教育专业获批湖北省一流专业建设点。在此期间,根据师范类专业认证的要求,我们对应"一践行三学会"的毕业要求,将中文专业师范生的培养目标设定为四点。一是师德为先。积极践行师德规范,有家国情怀,有理想信念,有仁爱之心;能够依法执教,将汉语言文学知识和人文精神内化到人生修养和工作之中,重视文行出处,不断提高传道授业解惑的能力和职业自豪感。二是笃学善教。掌握扎实的汉语言文学基础知识,理解学科知识体系的基本思想和方法;具有科学的教育观,具备人文、艺术、科学素养,掌握中学语文教学技能,能够研究和解决基础教学问题,善于组织和开展中学语文教学活动。三是以文化人。能够结合汉语言文学学科知识进行育人活动,自觉继承和传播先进文化;掌握中学生身心发展特点和语文教育教学规律,具备班级管理能力和组织育人活动的能力。四是好修为常。具有反思意识和沟通协调能力,具备团队合作精神,能够应对未来教育的变化,乐于接受教育理念和知识结构的更新,践行终身学习理念,实现专业发展和自我完善的统一。

如何让学生实现这四个目标呢?我们认为,将人才培养观念从"师范教育"转向"教师教育"是一条关键的路径,这意味着我们必须重视师范课程的实践性取向,必须将职前的师范教育与职后的教师素质提升递进贯通,使学生在实践活动中收获内在的教学体验和教育智慧,为自我的持续发展奠定基础。这种实践活动既包括大学期间学习的有关课程的实践,又包括针对中学语文教学的实践。这就要求学生在学习大学有关知识体系的同时,针对中学语文课程新目标的要求,开展相应的实践教学活动。作为实践教学活动的指导,特色实践教材是非常重要的。我们组织业内人士讨论、论证,认为编写一套适应一流专业建设和师范类专业认证要求的师生用书是非常必要和迫切的。"普通高等学校'十四五'规划汉语言文学国家级一流专业建设汉语国际教育一流专业建设暨教育部师范类专业认证特色实践精品教材"(以下简称"精品教材")就应时而生了。"精品教材"按照最新版中学语文新课程标准和高校师范类专业认证要求进行设计,力求涵盖中学语文教学和汉语国际教育教学所涉及的各方面的主要内容。"精品教材"作为开放平台逐步推出,分别为:

《语文教学设计与实施》(马英主编)、《国学经典名篇诵读》(李汉桥主编)、《中学语文阅读教学与实践》(盛银花主编)、《文学鉴赏与中学诗文教学实践》(戴峰主编)、《古代汉语与中学文言文教学实践》(童琴主编)、《汉语作为第二语言课堂教学与实践》(黄均凤　程乐乐编著)。

"精品教材"涵盖了中学语文教学和汉语国际教育教学的各个方面,不仅可以作为在校师范生教材用书,也是即将从事中学语文教学的人和正在从事中学语文教学的人提升自己教学能力和实现自修的重要参考,是连接高等师范教育和中学语文教学的桥梁,因而这套"精品教材"的读者对象为下列三类人员:一是高校师范类中文专业教师,他们在讲授理论知识的同时,需要了解中学语文教学实践与汉语国际教育教学实践的有关内容,做到理论和实践相结合;二是高校师范专业大学生,他们可以把"精品教材"作为达成毕业要求和将来从事中学语文教学和汉语国际教育教学的参考用书;三是中学语文教师,他们可以把"精品教材"作为参考用书,因为它包含大学理论知识的实践指导。

为了达到上述目的,"精品教材"的编写原则有二。一是打破大学语言文学知识与中学语文教学实践的界限,使大学教师了解中学语文实践,达到理论和实践相结合;使中学语文教学了解大学知识理论体系,提升中学语文教学素养。二是注重实践技能培养,以教学实例阐释教学原理,用课程案例来证实学习规律,授人以"渔",教学相长,把握当下,成就未来。

是为序。

盛银花

2022 年 4 月 26 日

# 前言
## PREFACE

  本教材是为汉语国际教育专业的本科生编写的实践类教材。"汉语作为第二语言课堂教学与实践"是汉语国际教育专业的一门本科必修课程。以前我们上该门课程时，主要参考"对外汉语教学法"课使用的教材以及《汉语教学技巧》等书，但是"对外汉语教学法"课是先行课程，学生已经学过，而且其中的"外语教学法流派"等内容偏重理论，所以"对外汉语教学法"课所用的教材不适合"汉语作为第二语言课堂教学与实践"课程的教学。而《汉语教学技巧》等书过于偏重具体操作，缺乏理论上的说明；而且各种技巧之间缺乏联系，系统性不强，不利于学生举一反三。我们在总结"汉语作为第二语言课堂教学与实践"课程教学经验的基础上，编写了这本教材。

  本教材重点介绍汉语作为第二语言教学的相关专业理论与汉语教学方法，除了前言与参考文献以外，教材主要内容包括八章，具体如下：第一章，语音与语音教学；第二章，汉字与汉字教学；第三章，词汇与词汇教学；第四章，语法与语法教学；第五章，综合课与综合课教学；第六章，口语课与口语课教学；第七章，听力课与听力课教学；第八章，阅读课与阅读课教学。第一到第四章属于"语言要素教学"，第五到第八章属于"课型教学"。

  我们在编写本教材时，坚持"理论与实践相结合，理论服务实践"的理念，每章内容由"专业知识—教学方法—教学实践—课后思考"四部分组成。"专业知识"包括汉语本体知识与课程知识，汉语本体知识包括汉语语音、汉字、词汇与语法知识，课程知识主要包括综合课知识、口语课知识、听力课知识以及阅读课知识。"教学方法"介绍专业教学大纲的要求与规定，重点介绍语言要素和专业课程的教学原则、教学方法与教学技巧。"教学实践"属于教师手册的内容，是根据课程要求设计的，主要是对如何上好这门课提出具体建议。每章最后设置一个"课后思考"，"课后思考"中有的题目侧重检测，有的题目重在思辨,主要目的在于巩固学生所学知识,并在此基础上引导学生观察和分析汉语二语学习者在学习汉语过程中遇到的各种问题,提高学生运用所学理论知识解决教学实践问题的能力。在使用本教材时,有两种方法可供选择。

一是传统的教学方法:教师在课堂中讲授"专业知识",以研讨的方式讲授"教学方法",随后采用"模拟教学"的方式完成"教学实践"。

二是创新的教学方法:教师把"专业知识"与"教学方法"提前布置给学生自主学习,课堂教学的时间则用来开展研讨、教师答疑与模拟教学。其中,最重要的内容是教师指导学生备课、开展模拟教学。

第一种方法比较容易操作,其知识系统性较强,但是缺乏趣味性,也不易调动学生学习的积极性。第二种方法采用的是类似"翻转课堂"的教学方法,将专业知识提前布置给学生自学,教师利用课堂教学时间进行集中答疑与研讨,随后开展课堂模拟教学。这种教学方法对缺乏自主学习能力的学生不利,如果学生未能提前预习并掌握相关知识,就无法参与后续的课堂研讨与模拟教学。但是,对于具有自主学习能力的学生来说,这种方法能够提高他们的学习积极性与动手能力,培养他们的创造力。当然,无论选择哪种方法,要想达到理想的效果,都需要教师精心准备、做好教学设计,还请广大同行结合自己的教学实际来决定。

本教材的初稿我们曾在汉语国际教育专业本科生班上讲授过三轮,先后获得 2017 年湖北第二师范学院教研项目"汉语国际教育专业'三结合'人才培养模式研究(项目编号:X2017026)"、2020 年湖北第二师范学院教研项目"基于一流专业建设的汉语国际教育专业教学改革与实践(项目编号:X2020013)"以及 2022 年湖北省省级高校教学研究项目"双一流背景下的汉语国际教育'微课+翻转课堂'实践教学模式研究(项目编号:2022440)"等项目的资助,在教学实践中,我们对讲稿做过多次修改。在编写的过程中我们引用了前人时贤的论著与教材中的观点与内容,在各章节中做了标注,有的地方则是采用了综合的方法进行引用,没能一一标注,但是,我们在教材的最后给出了一个总的参考文献目录,在此一并致谢!

2023 年 7 月

CONTENT

**第一章　语音与语音教学 / 001**

　　第一节　语音知识 / 001

　　第二节　语音教学 / 013

　　第三节　语音教学实践 / 015

**第二章　汉字与汉字教学 / 018**

　　第一节　汉字知识 / 018

　　第二节　汉字教学 / 021

　　第三节　汉字教学实践 / 026

**第三章　词汇与词汇教学 / 029**

　　第一节　词汇知识 / 029

　　第二节　词汇教学 / 037

　　第三节　词汇教学实践 / 046

**第四章　语法与语法教学 / 049**

　　第一节　语法知识 / 049

　　第二节　语法教学 / 072

　　第三节　语法教学实践 / 084

**第五章　综合课与综合课教学 / 086**

　　第一节　综合课知识 / 086

　　第二节　综合课教学 / 091

　　第三节　综合课教学实践 / 108

## 第六章　口语课与口语课教学 / 110

　　第一节　口语课知识 / 110

　　第二节　口语课教学 / 112

　　第三节　口语课教学实践 / 120

## 第七章　听力课与听力课教学 / 122

　　第一节　听力课知识 / 122

　　第二节　听力课教学 / 124

　　第三节　听力课教学实践 / 130

## 第八章　阅读课与阅读课教学 / 132

　　第一节　阅读课知识 / 132

　　第二节　阅读课教学 / 135

　　第三节　阅读课教学实践 / 140

## 参考文献 / 142

# 第一章 语音与语音教学

## 第一节 语音知识

在汉语作为第二语言教学的各门课程中,语音教学具有非常重要的地位。从汉语作为第二语言教学的全过程来看,语音教学是语言教学的开端,汉语发音的好坏决定了汉语学习者汉语口语的整体面貌。汉语学习者只有学好语音,发音准确,才能让别人听得懂,也才能进一步学习词汇、语法等其他知识,并为进一步提高汉语交际能力打好基础。正是因为这些原因,语音教学非常重要,应该贯穿于对外汉语教学的各个阶段。

汉语语音知识的内容包括《汉语拼音方案》、声母、韵母、声调、轻声、变调等几个方面。

### 一、汉语拼音方案

《汉语拼音方案》是采用国际通用的拉丁字母与音素化的音节结构给汉字注音,并用于拼写汉语普通话的一种方案。1958年2月11日,第一届全国人民代表大会第五次会议批准颁布该方案。汉语拼音方案包括五项内容:字母表、声母表、韵母表、声调符号和隔音符号。

(一)字母表

字母表中(见表1-1),每个字母左边是大写形式,右边是小写形式。V只用来拼写外来语、少数民族语言和方言。字母的手写体依照拉丁字母的一般书写习惯。

(二)声母表

声母表如表1-2所示。

在给汉字注音的时候,为了使拼式简短,zh、ch、sh可以省作 ẑ、ĉ、ŝ。

(三)韵母表

韵母表如表1-3所示。

表 1-1 字母表

| 字母 | 名称 | 字母 | 名称 | 字母 | 名称 | 字母 | 名称 |
| --- | --- | --- | --- | --- | --- | --- | --- |
| Aa | ㄚ | Hh | ㄏㄚ | Oo | ㄛ | Uu | ㄨ |
| Bb | ㄅㄝ | Ii | ㄧ | Pp | ㄆㄝ | Vv | 万ㄝ |
| Cc | ㄘㄝ | Jj | ㄐㄧㄝ | Qq | ㄑㄧㄡ | Ww | ㄨㄚ |
| Dd | ㄉㄝ | Kk | ㄎㄝ | Rr | ㄚㄦ | Xx | ㄒㄧ |
| Ee | ㄜ | Ll | ㄝㄌ | Ss | ㄝㄙ | Yy | ㄧㄚ |
| Ff | ㄝㄈ | Mm | ㄝㄇ | Tt | ㄊㄝ | Zz | ㄗㄝ |
| Gg | ㄍㄝ | Nn | ㄋㄝ | | | | |

表 1-2 声母表

| b | d | g | j | zh | z |
| --- | --- | --- | --- | --- | --- |
| ㄅ玻 | ㄉ得 | ㄍ哥 | ㄐ基 | 业知 | ㄗ资 |
| p | t | k | q | ch | c |
| ㄆ坡 | ㄊ特 | ㄎ科 | ㄑ欺 | ㄔ蚩 | ㄘ雌 |
| m | n | | | | |
| ㄇ摸 | ㄋ讷 | | | | |
| f | | h | x | sh | s |
| ㄈ佛 | | ㄏ喝 | ㄒ希 | ㄕ诗 | ㄙ思 |
| | l | | | r | |
| | ㄌ勒 | | | 日日 | |

表 1-3 韵母表

| | i | u | ü |
| --- | --- | --- | --- |
| | ㄧ 衣 | ㄨ 乌 | ㄩ 迂 |
| a | ia | ua | |
| ㄚ 啊 | ㄧㄚ 呀 | ㄨㄚ 蛙 | |
| o | | uo | |
| ㄛ 喔 | | ㄨㄛ 窝 | |
| e | ie | | üe |
| ㄜ 鹅 | ㄧㄝ 耶 | | ㄩㄝ 约 |
| ai | | uai | |
| ㄞ 哀 | | ㄨㄞ 歪 | |
| ei | | uei | |
| ㄟ 欸 | | ㄨㄟ 威 | |

续表

| ao ㄠ 熬 | iao ㄧㄠ 腰 | | |
|---|---|---|---|
| ou ㄡ 欧 | iou ㄧㄡ 忧 | | |
| an ㄢ 安 | ian ㄧㄢ 烟 | uan ㄨㄢ 弯 | üan ㄩㄢ 冤 |
| en ㄣ 恩 | in ㄧㄣ 因 | uen ㄨㄣ 温 | ün ㄩㄣ 晕 |
| ang ㄤ 昂 | iang ㄧㄤ 央 | uang ㄨㄤ 汪 | |
| eng ㄥ 亨的韵母 | ing ㄧㄥ 英 | ueng ㄨㄥ 翁 | |
| ong (ㄨㄥ) 轰的韵母 | iong ㄩㄥ 雍 | | |

（1）"知、蚩、诗、日、资、雌、思"等七个音节的韵母用 i，即知、蚩、诗、日、资、雌、思等字拼作 zhi、chi、shi、ri、zi、ci、si。

（2）韵母儿写成 er，用作韵尾的时候写成 r。例如："儿童"拼作 értóng，"花儿"拼作 huar。

（3）韵母ㄝ单用的时候写成 ê。

（4）i 行的韵母，前面没有声母的时候，写成 yi(衣)，ya(呀)，ye(耶)，yao(腰)，you(忧)，yan(烟)，yin(因)，yang(央)，ying(英)，yong(雍)。

u 行的韵母，前面没有声母的时候，写成 wu(乌)，wa(蛙)，wo(窝)，wai(歪)，wei(歪)，wan(弯)，wen(温)，wang(汪)，weng(翁)。

ü 行的韵母，前面没有声母的时候，写成 yu(迂)，yue(约)，yuan(冤)，yun(晕)；ü 上的两点省略。

ü 行的韵母跟声母 j，q，x 拼的时候，写成 ju(居)，qu(区)，xu(虚)，ü 上两点也省略；但是跟声母 n，l 拼的时候，仍然写成 nü(女)，lü(吕)。

（5）iou，uei，uen 前面加声母的时候，写成 iu，ui，un。例如：niu(牛)，gui(归)，lun(论)。

（6）在给汉字注音的时候，为了使拼式简短，ng 可以省作 ŋ。

## （四）声调符号

声调符号如表 1-4 所示。

表 1-4　声调符号

| 阴平 | 阳平 | 上声 | 去声 |
| --- | --- | --- | --- |
| ˉ | ˊ | ˇ | ˋ |

声调符号标在音节的主要母音上。轻声不标。例如：

妈 mā　麻 má　马 mǎ　骂 mà　吗 ma

（阴平）（阳平）（上声）（去声）（轻声）

### （五）隔音符号

a、o、e 开头的音节连接在其他音节后面的时候，如果音节的界限发生混淆，用隔音符号（'）隔开，例如：pi'ao（皮袄）。

## 二、声母

汉语声母一般可以从"发音部位"与"发音方法"两个方面进行描写，因此，我们也可以从这两个方面对汉语声母进行分类。

### （一）发音部位

根据发音部位的不同，我们可以把普通话的声母分为以下七类。

(1) 双唇音指上下唇阻塞气流而形成的音。普通话的双唇音有 b、p、m 三个。

(2) 唇齿音指下唇接近上齿阻塞气流而形成的音。普通话的唇齿音只有 f 一个。

(3) 舌尖前音是舌尖抵住或接近上齿背阻塞气流而形成的音。普通话的舌尖前音有 z、c、s 三个。舌尖前音也叫平舌音。

(4) 舌尖中音是舌尖抵住上齿龈阻塞气流而形成的音。普通话的舌尖中音有 d、t、n、l 四个。

(5) 舌尖后音是舌尖上翘，抵住或接近硬腭前部阻塞气流而形成的音。普通话的舌尖后音有 zh、ch、sh、r 四个。舌尖后音也叫翘舌音。

(6) 舌面音是舌面前部抵住或接近上齿龈和硬腭前部阻塞气流而形成的音。普通话的舌面音共有 j、q、x 三个。

(7) 舌根音是舌根抵住或接近软腭阻塞气流而形成的音。普通话的舌根音共有 g、k、h 三个。舌根音也叫舌面后音。

### （二）发音方法

声母的发音方法可以从以下三个方面来观察。

(1) 阻碍的方式。

根据形成阻碍和克服阻碍的不同方式可以把声母分为塞音、擦音、塞擦音、鼻音、边音五类。

①塞音是发音时将气流完全阻塞,然后突然放开,让气流爆发出来而形成的字音,也叫爆发音或破裂音。普通话共有 b、p、d、t、g、k 六个塞音。

②擦音是气流经过口腔时从窄缝挤出,摩擦成的音,也叫摩擦音。普通话共有 f、h、x、sh、r、s 六个擦音。

③塞擦音是气流经过口腔先把阻塞部位冲开一条窄缝,从窄缝中挤出,摩擦成的音。塞擦音是先破裂,后摩擦,结合成一个音,是塞和擦的有机结合,是一个辅音而不是两个辅音。普通话的塞擦音有 j、q、zh、ch、z、c 六个。

④鼻音是口腔通路阻塞,软腭下降,气流从鼻腔中通过而发出的音。普通话的鼻音有 m、n、ng 三个,其中能作声母的是 m、n。

⑤边音发音时,舌尖与上齿龈接触,但在舌头两边仍然留有空隙,同时软腭上升,堵塞鼻腔的通路,气流振动声带,从舌头的两边通过。普通话的边音只有一个 l。

(2) 声带是否颤动。

根据发音时声带是否颤动,可以把普通话的声母分为清音和浊音两类。

①清音:普通话的清声母共有 b、p、f、d、t、g、k、h、j、q、x、zh、ch、sh、z、c、s 十七个。

②浊音:普通话的浊音有 m、n、ng、l、r 五个,其中 ng 不能作声母。

(3) 气流的强弱。

根据发音时呼出气流的强弱,可以把普通话声母中的塞音和塞擦音分为送气音和不送气音两类。

①送气音:普通话声母的送气音有 p、t、k、q、ch、c 六个。

②不送气音:普通话声母的不送气音有 b、d、g、j、zh、z 六个。

我们从声母的发音部位和发音方法两个方面对它们进行描写,就可以清楚地知道普通话的二十一个声母是怎么发音的,具体见表 1-5。

表 1-5 普通话辅音声母总表

| 发音方法 | | | 发音部位 | | | | | | |
|---|---|---|---|---|---|---|---|---|---|
| | | | 双唇音 | 唇齿音 | 舌尖前音 | 舌尖中音 | 舌尖后音 | 舌面音 | 舌根音 |
| 塞音 | 清音 | 不送气 | b | | | d | | | g |
| | | 送气 | p | | | t | | | k |
| 塞擦音 | 清音 | 不送气 | | | z | | zh | j | |
| | | 送气 | | | c | | ch | q | |
| 擦音 | 清音 | | | f | s | | sh | x | h |
| | 浊音 | | | | | | r | | |

续表

| 发音方法 | | 发音部位 | | | | | | |
|---|---|---|---|---|---|---|---|---|
| | | 双唇音 | 唇齿音 | 舌尖前音 | 舌尖中音 | 舌尖后音 | 舌面音 | 舌根音 |
| 鼻音 | 清音 | m | | | | | | |
| | 浊音 | | | | n | | | |
| 边音 | 浊音 | | | | l | | | |

## 三、韵母

汉语韵母可以从舌位的高低、舌位的前后、唇形的圆展三个方面进行描写。因此，我们也可以根据这三个方面的异同对汉语单韵母进行分类。因为有的汉语韵母是由多个单韵母合成的，所以，我们还可以根据元音符号的多少或者发音特点给韵母分类。

### （一）元音的舌位和口型

（1）舌位的高低。

舌位的降低和抬高与口腔的开合直接相关，也就是与开口度的大小直接相关。舌位越高开口度越小；舌位越低开口度越大。我们可以根据舌位的高低和开口度的大小把元音分为高元音、半高元音、半低元音和低元音。普通话的单元音韵母中，属于高元音的有 i、u、ü，属于半高元音的有 e、o，属于半低元音的有 ê，属于低元音的有 a。

（2）舌位的前后。

舌位靠前的叫前元音，舌位靠后的叫后元音，舌位居中的叫央元音。普通话单元音韵母中属于前元音的有 i、ü，属于后元音的有 u、o、e，属于央元音的有 e（如"的"de 中的 e）。

（3）唇形的圆展。

发音时唇形圆的叫圆唇元音，唇形展的叫不圆唇元音。普通话单元音韵母中的圆唇元音有 ü、u、o，不圆唇元音有 i、e、ê 等。

### （二）舌面单元音韵母

普通话的舌面单元音韵母有以下几个。

a 是舌面、央、低、不圆唇元音（舌面单元音韵母，舌面中部略隆起，舌位最低，不圆唇元音的简称，下同）。发音时，开口度最大，舌位最低，舌头不前不后，唇形不圆。

o 是舌面、后、半高、圆唇元音。发音时，口半闭，舌位半高，舌头后缩，嘴唇拢圆。

e 是舌面、后、半高、不圆唇元音。发音时舌头的位置基本上与 o 相同，但双唇要自然展开。

ê是舌面、前、半低、不圆唇元音。发音时,口半开,舌位半低,舌头前伸,唇形不圆。注意舌头前伸时抵住下齿背。

i是舌面、前、高、不圆唇元音。发音时,舌头前伸,舌尖抵住下齿背,舌位最高,唇形展开呈扁平状。

u是舌面、后、高、圆唇元音。发音时,双唇拢圆,只留一个小孔,舌头后缩,舌根抬起接近软腭。

ü是舌面、前、高、圆唇元音。发音时的舌位与i基本相同,但是唇形要拢圆。

### (三) 特殊元音韵母

(1)《汉语拼音方案》中的字母 i 实际上代表了三个不同的元音:第一个是舌面、前、高、不圆唇元音,也就是 yī(一)、lì(力)、jǐ(几)等音节中的元音;第二个是 zi、ci、si 中的舌尖、前、高、不圆唇元音;第三个是 zhi、chi、shi 中的舌尖、后、高、不圆唇元音。

(2) er 是一个卷舌、央、中、不圆唇元音。er 在发音时口形稍稍张开,开口度比 ê 略小,舌位居中,稍微后缩,唇形不圆,在发音的同时,舌尖朝硬腭方向卷起,所以 er 是一个带卷舌色彩的央元音,可称为卷舌元音。《汉语拼音方案》中把这个卷舌元音表示为 er,其中的 r 只是代表卷舌动作的符号,并不是辅音韵尾。

### (四) 二合元音和三合元音

复元音是指在发音时舌位和唇形有变化的元音,由复元音构成的韵母就是复元音韵母,简称复韵母。复元音韵母的发音特点是从一个元音滑动到另外一个元音,在这个滑动的过程中,舌位的高低、开口度的大小、唇形的圆展是逐渐变动的,中间有一连串的过渡音。这个滑动的过程中间没有明显的界线,发音的气流也不中断,发出的音是一个整体。

对于有些滑动的复元音,《汉语拼音方案》用两个元音符号表示它们的首音和尾音,称为"二合元音",如 ia,ao;对于有些滑动的复元音,汉语拼音方案用三个元音符号表示它们的首音、中音和尾音,称为"三合元音",如 uei,iao。

### (五) 前响、后响和中响复元音韵母

二合元音或三合元音在发音的过程中,每个音的响度并不是一样的。就二合元音来说,有些是首音比较响亮,有些是尾音比较响亮;就三合元音来说,一般是中音比较响亮。

首音比较响亮的叫前响复元音韵母。普通话中的前响复元音韵母有 ai、ei、ao、ou,如"白 bái""美 měi""高楼 gāolóu"中的韵母都是前响复元音韵母。

尾音比较响亮的叫后响复元音韵母。普通话中的后响复元音韵母有 ia、ie、ua、uo、üe,如"家 jiā""写 xiě""瓜 guā""说 shuō""月 yuè"中的韵母都是后响复元音韵母。

中音比较响亮的叫中响复元音韵母。普通话中的中响复元音韵母有 iao、iou、uai、uei,如"小 xiǎo""有 yǒu""快 kuài""为 wèi"中的韵母都是中响复元音韵母。

(六)鼻韵母

由元音加上鼻音韵尾构成的韵母叫鼻音尾韵母,简称鼻韵母。普通话中的鼻韵母一共有 16 个,其中 8 个带舌尖鼻音韵尾-n,一般称为前鼻音韵母,它们是:an,ian,uan,üan,en,in,uen,ün。另外 8 个带有舌根鼻音韵尾-ng,简称后鼻音韵母,它们是:ang,iang,uang,eng,ing,ueng,ong,iong。

前鼻音韵母在发音时,先发元音,有韵头的话一带而过,接着软腭降下来,鼻音色彩逐渐增加,舌尖往上齿龈移动并抵住上齿龈发鼻音 n。比如"信心 xìnxīn""展览 zhǎnlǎn"。后鼻音韵母在发音时,也是先发元音,有韵头的话一带而过,接着舌根向软腭移动发鼻音 ng。比如"英雄 yīngxióng""情况 qíngkuàng"。

(七)儿化韵

**1. 儿化**

在普通话中,韵母 er 不能与声母相拼,只能够自成音节,但是这种音节很少,只有"儿、而、耳、二"等几个。韵母 er 的另外一个重要作用就是与其他韵母结合成一个音节,并且使被结合的韵母变成一个卷舌韵母,这种语音变化就叫作"儿化",被儿化了的韵母叫作"儿化韵"。儿化在书面上一般用汉字"儿"来表示,拼音方案中用 r 来表示,如"画儿 huàr"。

儿化韵中的"儿"是没有实在的词汇意义的,只有提示儿化的作用;非儿化韵中的"儿"是有实在的词汇意义的,不能与前一个音节儿化成为一个音节,如"婴儿"就有实在的词汇意义,拼音是 yīng'ér,不能与前一个音节儿化成一个音节。这一点在教学中应注意分辨。

**2. 儿化的发音**

普通话的韵母除了 ê 和 er 之外,都可以儿化。韵母在儿化之后会发生某种音变。由于韵母受到卷舌动作的影响,有的韵母的韵腹会带上卷舌色彩,有的韵母变成较低或较央的元音,有的丢失韵尾或增加央元音。大致有以下几种情况。

①儿化音节的末尾是 a、o、e、ê、u 的,儿化后韵母直接卷舌。如:

刀把儿　人家儿　牙刷儿　面条儿　纽扣儿

②儿化音节的韵尾是 i、n 的,儿化后丢掉韵尾,主要元音卷舌。如:

小孩儿　一块儿　干劲儿　没准儿

③儿化音节的韵母是 i、ü 的,儿化之后加上 er。如:

小鸡儿　玩意儿　金鱼儿　有趣儿

④儿化音节的韵母是舌尖元音-i 的,儿化后韵母变作 er。如:

汉字儿　瓜子儿　果汁儿　没事儿

⑤儿化音节的韵尾是 ng 的,儿化后丢掉 ng 韵尾,韵腹鼻化,同时卷舌。如:

药方儿　蛋黄儿　信封儿　胡同儿　花瓶儿　没空儿　小熊儿

**3. 儿化的作用**

普通话的儿化不是一种单纯的语音现象,它具有辨别词义、区别词性和表达感情色彩的作用。

①辨别词义。儿化与不儿化词义不同。如:

头(脑袋)——头儿(领头的人)　　眼(眼睛)——眼儿(小洞)

信(书信)——信儿(消息)　　半天(时间长)——半天儿(一个上午或下午)

②区别词性。形容词或者兼动词和名词两类的词,儿化后就固定为名词。有的动词、名词儿化后可做量词。如:

画(名词、动词)——画儿(名词)　　尖(形容词)——尖儿(名词)

破烂(形容词)——破烂儿(名词)　　亮(形容词)——亮儿(名词)

手(名词)——一手儿(量词)　　堆(动词)——一堆儿(量词)

③表示小、可爱、喜欢、亲切或轻蔑、鄙视等多种感情色彩。如:

小孩儿　小猪儿　小球儿　宝贝儿　有趣儿　小偷儿

## 四、声调

汉语是声调语言,声调具有区别意义的作用,因此,声调是汉语语音中非常重要的内容。

### (一)普通话声调的表示法

声调是音节的音高变化,我们发音时是靠控制声带的松紧来调节声音的高低的。人的声带各不相同,声音的高低也各不相同,如女人和男人、儿童和成年人之间的声音高低差别很大,但声调的高低升降的变化幅度却是一样的,所以我们说,声调是一种相对的音高。

声调高低升降的变化幅度一般可以分为五个等级,我们可以采用五度标记的办法(见图1-1)来区分声调的高低。按照传统习惯,声调分为阴平、阳平、上声和去声四类。

(1)阴平调:声调高而平,即由5度到5度,是一个高平的调型,大体上没有升降的变化,也叫第一声、高平调或55调。如"天 tiān"。

(2)阳平调:声调由中音升到高音,即由3度升到5度,是一个高升的调型,调值是35,也叫第二声、高升调或35调。如"人 rén"。

(3)上声调:声调先由半低降到低再升到半高,即由2度降到1度再升到4度,是一

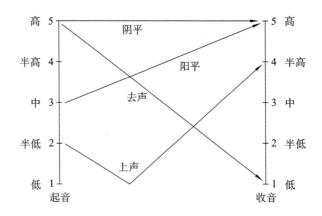

图 1-1 声调的五度标记

个先降后升的曲折调型,调值是 214,也叫第三声、降升调或 214 调。如"好 hǎo"。

(4) 去声调:声调由高音降到低音,即由 5 度降到 1 度,是一个全降的调型,调值是 51,也叫第四声、全降调或 51 调。如"汉 hàn"。

(二) 变调

在实际语流中,或者说在音节连读的时候,由于受到相邻音节的影响,普通话的声调都会发生某些变化,比较明显的有上声的变调、去声的变调以及"一""不"的变调。

**1. 上声的变调**

上声字的声调只有在单念或强调的时候才念原调(214),其他情况下则会变调,念成类似于阳平调的 34 或 35,或者念成半上声 21。

①上声+上声→阳平+上声,例如:北海、老虎、理解等。

②上声+非上声→半上(21)+非上声,例如:老师、小孩、伙伴等。

③上声+轻声→阳平(35)+轻声,或半上(21)+轻声,例如:奶奶、喜欢、种子等。

在③这种格式中,上声的变调要根据轻声音节的情况来确定。如果第二个轻声音节原调是上声,则第一个上声字的变调有两种:一是变读为阳平(35),一是变读为半上(21)。

**2. 去声的变调**

一般来说,去声在非去声音节前面不变调,仍读 51,如"立即""看来""大海"等。在两个去声音节相连的时候,如果第一个去声音节不是重读音节,则第一个去声音节变为半去声(53),第二个去声音节不变调。

**3. "一""不"的变调**

(1)"一"的变调。"一"的原调是阴平(55)。除了上声调之外,"一"的变调可以说是最多的。"一"的读法有下面四种。

①"一"在单用、做序数词,或用在词句末尾时,读原阴平调(55),如:

一　十一　一楼　一班　一九八一(年)　第一　初一

②"一"在去声前变调,读为阳平(35),如:

一个　一次　一下　一样　一岁　一切　一面

③"一"在非去声音节前变调读为去声(51),如:

一天　一生　一般　一些　一双　一杯　一帆风顺

一年　一台　一头　一直　一时　一同　一言为定

一尺　一起　一口　一早　一举　一手　一往情深

④"一"嵌在动词重叠式中间时读为轻声,如:

听一听　谈一谈　看一看　想一想　走一走　笑一笑

(2) "不"的变调。"不"的原调是去声(51)。"不"的读法有下面三种。

①"不"在单用,或用在词语末尾,或用在非去声音节前面时,读原去声调(51),例如:

你去吗？——不。

何不　不多　不来　不可

②"不"在去声前变调读为阳平(35),如:

不是　不去　不看　不笑

③"不"夹在"肯定＋否定式"中间或用在动词的补语前时,读轻声。如:

听不听　漂亮不漂亮　了不起

## 五、轻声

### (一) 什么是轻声

普通话的每个音节都有一定的声调。有些音节在一定的场合里会失去原来的声调,变成一种又轻又短的调子,就是轻声。如"子"在单用或用在"子孙""子弟"等词语中时,读上声,但用在"桌子""椅子"这些词语中时,"子"的读音又轻又短,变成了轻声。

### (二) 轻声的作用

轻声并不是可有可无的,有些轻声音节具有区别词义的作用。如:

莲子 lián zǐ(莲的果实)——帘子 lián zi(指窗帘或门帘)

虾子 xiā zǐ(指虾卵)——瞎子 xiā zi(指盲人)

东西 dōng xī(指方向)——东西 dōng xi(指事物)

地方 dì fāng(中央与地方)——地方 dì fang(指具体的地点)

兄弟 xiōng dì(指哥哥和弟弟)——兄弟 xiōng di(指弟弟)

上面的词语读轻声与否表示的是完全不同的意义。还有一些轻声在区别词义的同时,也区别了词性。如:

大方 dà fāng(指专家学者、内行人)——大方 dà fang(不吝啬、不俗气)

买卖 mǎi mài(指买和卖)——买卖 mǎi mai(指生意)

地道 dì dào(地下通道)——地道 dì dao(指标准、纯正)

上面的词语,是否读轻声既有意义上的不同,也有词性上的差异。"大方"不读轻声是名词,读轻声是形容词;"买卖"不读轻声是动词,读轻声是名词;"地道"不读轻声是名词,读轻声则是形容词。

### 六、"啊"的音变

"啊"作为叹词出现时,在句首,读音仍读"a",如"啊,太美了!"但是"啊"作为语气助词,出现在句子末尾或中间时,"啊"受它前面那个音节读音的影响,会产生连读音变。其音变规律如下。

(1) 前面音节韵母是 ie、üe 和前面音节末尾是 a、o(ao、iao 除外)、e、i、ü 时,"啊"读 ya(汉字可写作"啊"或"呀")。例如:

①他是干什么的啊(ya)!

②嚆,好大的雪啊(ya)!

③都八点多了,快点儿去啊(ya)!

④原来是你啊(ya)!

(2) 前面音节韵母是 iao、ao、u 时,"啊"读 wa(汉字可写作"啊"或"哇")。例如:

①真是一座漂亮的桥啊(wa)!

②麦克真高啊(wa)!

③他家真幸福啊(wa)!

(3) 前面音节末尾是 n 时,"啊"读 na(汉字可写作"啊"或"哪")。例如:

①你要好好干啊(na)!

②汉语真难啊(na)!

(4) 前面音节末尾是 ng 时,"啊"读 nga(只能写作"啊")。例如:

①灯真亮啊(nga)!

②我们唱啊(nga)唱,玩儿得高兴极了!

(5) 前面音节是 zhi、chi、shi、ri、er,或儿化音节时,"啊"读 ra(只能写作"啊")。例如:

①是啊(ra),我们有自己的祖国。

②吃啊(ra),别客气。

(6) 前面音节是 zi、ci、si 时,"啊"读[z]a(只能写作"啊")。例如:

①这是谁写的字啊([z]a)?

②我还是平生第一次啊([z]a)!

## 第二节 语音教学

### 一、汉语语音的特点

与别的语言相比,汉语语音有着自己的特点,具体来说,主要体现在以下四个方面。

(一)汉语的音节由声、韵、调三个要素组成

例如:bà(爸)中,b 是声母,a 是韵母,丶是声调(第四声)。有时一个音节里不止一个元音,例如:lái(来)中,l 是声母,ai 是韵母,ˊ是声调(第二声);niǎo(鸟)中,n 是声母,iao 是韵母,ˇ是声调(第三声)。

(二)汉语没有复辅音

汉语的辅音以清辅音为主,浊辅音只有 m、n、l、r,没有复辅音,不存在辅音连在一起的现象,汉语中的 zh、ch、sh、ng 都只是一个辅音,而在英语等别的语言中,辅音连缀现象比较普遍,例如英语词 friend、strong、desk 中,fr、str、sk 就是辅音连缀。

(三)元音占优势

汉语音节中可以没有辅音,但不能没有元音。一个音节可以由一个单元音构成,也可以由一个复元音构成,例如 ā(阿)、ài(爱)。同时,由复元音构成的音节比较多。因此,汉语语音元音的成分比例较大。

(四)汉语有声调

有声调是汉藏语系各语言的特点之一,对于母语为非声调语言的汉语学习者来说,声调是一个难点。汉语中每个音节都有一个声调,声调可以使每个音节的界限分明,又富于高低升降的变化。因此,汉语的声调既可以区别意义,又可以形成富有音乐性的特点。例如:mā(妈,mom),má(麻,hemp),mǎ(马,horse),mà(骂,curse)。

### 二、语音教学原则

在进行汉语语音教学时,我们应遵循以下七条基本原则。

(1)短期集中教学与长期严格要求相结合。短期集中教学是指初级综合课教学中的语音教学阶段,一般安排在开始的两到三周。长期严格要求是指在整个汉语教学阶段,语音问题都是需要重视的内容,不可忽视。

(2)音素教学与语流教学相结合。音素教学是基础,但是学习汉语的目的主要是为了运用汉语进行交际,因此,还需要通过语流教学帮助学生掌握汉语语音的各种音变。

（3）通过语音对比突出语音教学的重点与难点。比如通过对比我们可以知道,汉语普通话中的 u 与日语的 う不同,x 与阿拉伯语的ش不同。因此,在对日汉语语音教学时,u 就是教学的重点与难点;在对阿汉语语音教学时,x 就是教学的重点与难点。

（4）声、韵、调相结合教学,由易到难,循序渐进。在开始阶段,声母、韵母、声调的模仿练习是必要的,但是这种孤立、机械的练习容易使学生感到枯燥,所以适时地将声韵调结合起来进行有意义的教学更有利于学生的语音学习。

（5）听说结合,先听后说。"听"属于输入,"说"属于输出,语音听觉的训练是对语音特征的感知,是辨别词义、语义的前提,也是学习发音的前提。学习者发出某个音素或声调之前,要听清楚这个音或声调,要熟悉它,然后才能发准。但是只是听清楚了还不够,语言学习是培养训练一种语言习惯的过程,不能只重视语言知识的输入与积累,还应重视语言输出与训练。

（6）以模仿和练习为主,语音知识讲解为辅。汉语对于学习者来说是他们的第二语言,是他们的外语,教学的目的是训练他们的汉语交际能力,因此,教学必须坚持模仿练习为主,知识讲解为辅。

（7）机械性练习与有意义的练习相结合。综合课中的语音教学阶段时间不长,一般只有两到三周,而且语音教学又处于汉语学习的开始阶段,课堂时间宝贵,教师的方法非常重要。课堂上教师带领学生进行机械性的练习是必要的,比如声韵母跟读、四声唱读等,但是要注意,语音练习要练习汉语普通话中有意义的音节和音节组合,不要做无谓的语音练习。

### 三、语音教学技巧

除了语音教学一般性的要求,在具体的语音课堂教学中,教师还应根据具体的内容与教学对象使用针对性的教学技巧。声母中比较难的有几对送气音(p、t、k、q、ch、c)与不送气音(b、d、g、j、zh、z)、舌尖前音(z、c、s)与舌尖后音(zh、ch、sh、r)。韵母中较难的有 i、ü、前后鼻音韵母以及 er。

（一）难点声母教学技巧

（1）送气音与不送气音的教学,可以采用"吹纸法"。因为许多语言中没有明显的吐气音,而且汉语中送气与不送气意义有区别,比较难掌握,所以必须采用适当的技巧,通过大量的机械练习和区别意义的练习才能奏效。

①机械练习:bo—po,da—ta,ge—ke,zhi—chi,zi—ci。

②意义练习:pùbù(瀑布),gāokǎo(高考),jīqì(机器),tèdiǎn(特点),你很 bàng(棒)—你很 pàng(胖)。

（2）舌尖前音与舌尖后音是另一个难点,我们可以采用词语单练、词语合练、绕口令、顺口溜、诗歌等方法与技巧来练习。同时教师可以用模仿法让学生跟读,用演示法让学生了解发音时舌头上卷的情况。

(3) r声母也是个难点,我们可以采用带音法,先发 sh,然后声带颤动发出 r。

（二）难点韵母教学技巧

(1) i和ü差别在于圆不圆唇。教师可以采用对比训练,先发不圆唇的,然后让学生保持住舌头的位置,慢慢改变唇形,直到发出 ü 来,然后进行 i—ü—i—ü 的交替练习。

(2) 前后鼻音韵母的教学,可以采用"咬舌法"。发前鼻音韵母时,舌头向前移动,向前向上顶,下巴不能往下拉。更夸张一些的做法是,让学生在前鼻音韵母发音结束的同时,用牙齿轻轻咬住自己的舌尖,迫使舌头前伸。发后鼻音韵母时,舌头是向后运动的,下巴可以往下拉。

(3) er,是卷舌、央、中、不圆唇元音。发音时口形稍稍张开,开口度比 ê 略小,舌位居中,稍微后缩,唇形不圆。舌尖在发音的同时,朝硬腭方向卷起。er是个带卷舌色彩的央元音,因此,可称之为卷舌元音。

（三）声调教学技巧

学生学习声调的难点在于:二声上不去,三声不拐弯,四声下不去。因此,建议教学采用由易到难的顺序,即一声—四声—二声—三声,同时辅以手势,即用手指划动演示声调升降。另外,在语流中练习声调非常有效,各种声调的搭配练习可以更好地解决四声的发音问题,如三声变调、轻声等都可以在双音节词语或语流中表现出来。

## 第三节　语音教学实践

### 一、自主学习

(1) 阅读相关论著。

①黄伯荣、廖序东:《现代汉语(上)》,第一章"语音",高等教育出版社,2017年版。

②曹文:《汉语语音教程》,北京语言文化大学出版社,2002年版。

③宋海燕:《国际汉语:语音与语音教学》(国际汉语教师培养与培训丛书),高等教育出版社,2013年版。

④朱庆明:《试论初级阶段综合课教学规范化》,载于王钟华主编《对外汉语教学初级阶段课程规范》,北京语言文化大学出版社,1999年版。(注意阅读该文中语音教学部分)

(2) 提前观看相关汉语语音教学录像与慕课,熟悉语音教学的具体流程。建议观看《汉语课堂教学示范：综合课语音教学(DVD)》（北京语言大学电子音像出版社，2007年）。

（3）组织学生进入对外汉语教学语音课堂听课，记录语音教学过程。

## 二、实践准备

经过课前的自主学习，学生对普通话语音知识以及语音教学方法有了一定的了解。课堂上，教师可以对相关知识与方法中的重点部分进行点拨式讲解，并针对学生在自主学习过程中遇到的问题进行集中答疑。

教师可以布置实践教学任务，组织学生分组备课。实践教学任务选题如下。

(1) 声母：b，p，m，f，d，t，n，l，g，k，h。

韵母：a，o，e，i，u，ü，ai，ei，ao，ou。

(2) 声母：j，q，x。

韵母：ia，ie，iao，iu(iou)，ian，in，iang，ing，ü，üan，ün，iong。

(3) 声母：z，c，s。

韵母：-i[ɿ]，er，ua，uo，uai，ui(uei)，uan，un(uen)，uang，ueng。

(4) 声母：zh，ch，sh，r。

韵母：-i[ʅ]。

(5) er 和儿化韵。

(6) 上声变调。

## 三、模拟教学

学生分组，每组选择一个模拟教学的内容进行备课。备课完成后，各组选出一个代表在课堂上进行模拟教学展示，有条件的建议录制课堂模拟教学的过程，以便进行教学反思。

## 四、教学研讨

学生完成模拟教学展示后，教师引导学生对模拟教学进行讨论，讨论的焦点集中在以下几个方面。

(1) 确定的教学重点与难点是否准确？

(2) 教学环节与教学步骤的安排是否得当？

(3) 使用的教学方法是否科学？

(4) 教学有什么优点？还存在哪些不足？

最后，教师要对大家的讨论进行点评与总结，并对学生的模拟教学进行打分，形成学生的实践成绩，作为期末成绩的一部分。此外，教师还可以将学生的课堂教学视频收集起来,建立分类课堂教学视频库,作为下一轮教学时学生自主学习的材料。

**【课后思考】**

(1) 汉语语音中,i 代表哪些音素?为什么会出现这种情况?

(2) 如何理解汉语没有复辅音?请选择几种外语进行对比说明。

(3) 将汉语语音系统与自己母语的语音系统进行比较,归纳出他们的相同点与不同点。

(4) 外国留学生在刚学习汉语时,经常会把"现"读成 siàn。为什么会出现这种偏误?请简要说明,并试着给出你的解决方案。

# 第二章 汉字与汉字教学

## 第一节 汉字知识

汉字教学是汉语教学的重要组成部分,也是对外汉语语言要素教学中的一个比较特殊的部分。长期以来,汉字被认为是汉语学习中最大的难点,"可以说,汉字难学是海内外普遍性的印象"[①],"70年间,汉字始终是对外汉语教学的难点,汉字难学难教的呼声不绝于耳"[②]。导致汉字难学难教的原因有很多,汉字本身的特点是其中之一。由笔画组成的方块汉字是记录语素的语素文字,与世界上大多数民族使用的,以记录音素的字母拼写的拼音文字完全不同。但是,"汉字是语素文字,一个学生掌握汉字数量的多少,不仅关系到学生的汉语口语水平的高低,而且也是学好汉语书面语的关键"[③],不掌握汉字就不能真正学好汉语。因此,在对外汉字教学中,教师必须具备扎实的汉字本体知识,在教学中要考虑学生的特点,采用科学、恰当的教学方法才能真正地搞好对外汉字教学。

### 一、汉字的性质与造字方式

文字的基本性质是对语言的再编码,是语言的书写系统。而汉字就是记录汉语的书写符号系统。根据字符与所记录的语言的关系,我们可以把文字分为表音文字和意音文字。汉字属于意音文字,有的字符只提示汉字的意义,有的字符提示汉字的读音。例如人、日、休等字,见其形即知其意,而指、草、裹等字中的旨、早、果则提示读音。

汉字有四种主要的造字方式:象形,指事,会意,形声。象形就是通过描绘事物形状来表示字义的造字方式,用这种方式造出来的字叫象形字,我们可以从它们最早的字体

---

① 李泉在"国际汉语教学理念与模式创新"国际学术研讨会的发言,2010年11月12日。
② 李大遂:《对外汉字教学的"道"与"术"》,《华文教学与研究》,2017年第4期。
③ 卞觉非:《汉字教学:教什么?怎么教?》,《语言文字应用》,1999年第1期。

形状看出表示的意义。如图 2-1 中分别是"月、人、口、水"四个象形字,看到字形就可以大致知道这些字表示的意义。

图 2-1　象形字

指事是指用象征性符号或在象形字上添加提示符号来表示字义的造字方式,用这种方式造出来的字叫作指事字。例如"本、上、下、刃"等字就是指事字,"本(𣎳)"是在"木"的下部添加一短横表示树木的根部;"上(⌣)""下(⌒)"的古代字体是在一条弧线(有时是一条直线)的上面或下面添加一个短横表示上、下的字义;而"刃(⼑)"则是在刀口上添加一个点,表示刀刃所在。

会意是指用两个或几个部件组合成一个字,这些部件的意义融合在一起形成这个字的意义。用会意造字法造出的字叫作会意字。例如"看、休、从、明"等字均由两个部件组合在一起表示意义,它们都是会意字。

形声是指由表示字义的部件与表示字音的部件组合在一起形成新字。用形声法造出来的字叫作形声字,例如"指、河、湖、草"等字就是形声字,其中,"旨、可、胡、早"表音,"扌、氵、艹"表意。

## 二、汉字的结构

### (一)结构单位

现行汉字的结构单位有三级:一是笔画,二是部件,三是整字。由笔画组成部件,由部件组成整字。例如"汉"的结构层次如图 2-2 所示。

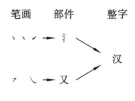

图 2-2　"汉"的结构层次

**1. 笔画**

笔画是构成汉字字形的最小连笔单位。汉字的基本笔画有 5 种:横(一),竖(丨),撇(丿),点(丶),折(𠃍),又称"札字法"。我们在写汉字的时候,写出的有起止的一个点或一条线就叫一画或一笔,汉字的笔画数有的多有的少,比如"一"只有一画,而"齉"却有三十六画。

汉字笔画的组合方式有三种情况:相离、相交与相接。具体情况如下。

(1) 相离。例如:二,三,川,小。

(2) 相交。例如:十,九,丈。

(3) 相接。例如:人,刀,上,久;厂,几,口,己。

**2. 部件**

汉字的部件是由笔画组成的构字单位,也可以说是将汉字拆分出来的构字单位。一个合体字由两个或两个以上部件构成,部件则由笔画构成,大多数部件由多个笔画构成,而少数部件由一个笔画构成。例如构成"休"的部件"亻""木"都是由多个笔画构成的,而构成"旧"的部件"丨""日"中的"丨"就是一个笔画。我们可以根据不同的标准给部件分类。

(1) 根据能否独立成字,将部件分为成字部件与非成字部件。成字部件本身就是一个字,例如"够,您,盆"等字中的部件"句,多,你,心,分,皿"等本身就是一个字,有的字作为成字部件时可能会发生一些变化,例如"裹,坐"中,部件"衣,人"均发生了一些变化。非成字部件不能独立成字,例如"汉,字,过"中的部件"氵,宀,辶"都不能独立成字,属于非成字部件。

(2) 根据能否分为更小的部件,将部件分为基础部件与合成部件。基础部件不能分为更小的部件,处于部件的最低级,所以又叫末级部件。例如汉字"樱",第一次切分出"木""婴","婴"是合成部件。第二次切分出"赗""女","赗"是合成部件。第三次切分出"贝""贝"。其中,"木""贝""女"是基础部件。

(3) 根据笔画多少,将部件分为单笔部件与多笔部件。单笔部件只有一个笔画,多笔部件有两个或两个以上笔画。例如"乱,旧,兔"中,"乚,丨,丶"都是单笔部件,"舌,日,免"是多笔部件。

**3. 整字**

从结构类型来看,现代汉字可以分为两类:独体字与合体字。由一个基础部件构成的字就叫独体字;由两个或两个以上的基础部件构成的字叫合体字。例如:工、力、文、人、习等都是独体字;功、班、章、禀、鑫等都是合体字。

合体字部件组合方式大致有三种方式。

(1) 左右结构,例如:独,够,体,现,致。在左右结构中还有一种派生结构——左中右结构,例如:班,斑,街,辫,辩。

(2) 上下结构,例如:草,字,类,型,烈。在上下结构中还有两种派生结构,一是上中下结构,例如:率,茸,葬,器,曼;二是品字结构,例如:品,晶,森,淼,鑫,蟲。

(3) 里外结构,例如:国,回,囚,团,因。除了全包围结构以外,还有几种派生结构。

①三包围结构,例如:冈,向,凶,凵,匚。
②半包围结构,例如:仄,房,句,司,赶,延。
③镶嵌结构,例如:噩,巫,爽,乘,坐。

**(二) 笔顺**

汉字的笔画必须按照规定的顺序书写,这个书写顺序就叫作笔顺。汉字笔顺的基本原则是先横后竖、先撇后捺、从上到下、从左到右、从外到内、从外到内后封口、先中间后两边。

(1) 先横后竖。例如汉字"十"的书写顺序是：一，十。

(2) 先撇后捺。例如汉字"人"的书写顺序是：丿，人。

(3) 从上到下。例如汉字"二"的书写顺序是：一，二。

(4) 从左到右。例如汉字"儿"的书写顺序是：丿，儿。

(5) 从外到内。例如汉字"月"的书写顺序是：丿，冂，月。

(6) 从外到内后封口。例如汉字"国"的书写顺序是：先写外部"口"字部分的丨、冂，然后写"玉"字，"口"最下面一横最后一笔完成。

(7) 先中间后两边。例如汉字"小"的书写顺序是：丨，小。

1999年10月，国家语言文字工作委员会发布了《GB13000.1字符集汉字笔顺规范》，并于2000年1月1日正式实施。这是规范汉字书写的重要文件。

### 三、字形与字义的关系

(1) 整个字形表义的，在古代汉字里主要是一些象形字、指事字；而在现代汉字中，主要是一些独体表意字和合体表意字，它们以整个字形来表示意义。例如表意字"凹，凸，伞"等字，就是以整个字形来表示意义的。此外，一些合体表意字如"泪，库"等也是以整个字形表示意义。

(2) 通过表义偏旁表义，即通过义符表义的，在现代汉字中主要是一些意音文字。意音文字的义符并不直接表示汉字所代表的字义，它只表示出与汉字意义的某种关系，如范围、种属、材料、工具等，如表2-1所示。

表2-1　常见义符的意义

| 牛 | 马 | 羊 | 鸟(隹) | 虫 | 鱼 | 鹿 | 犭 | 虍 | | |
|---|---|---|---|---|---|---|---|---|---|---|
| ox | horse | goat | bird | worm | fish | deer | dog | tiger | | |
| 日 | 土 | 山 | 水 | 火 | 灬 | 风 | 石 | 田 | 雨 | 气 |
| sun | earth | hill | water | fire | fire | wind | stone | field | rain | gas |
| 巾 | 门 | 宀 | 纟 | 钅 | 衤 | 舟 | 车 | 革 | | |
| towel | door | house | silk | metal | clothes | boat | vehicle | leather | | |
| 艹 | 木 | 禾 | 竹 | 豆 | 米 | | | | | |
| grass | wood | crop | bamboo | bean | rice | | | | | |

## 第二节　汉字教学

### 一、大纲要求与教学内容

根据《对外汉语教学初级阶段教学大纲》，可以将初级对外汉语教学大致分为三个教学阶段。其中对汉字的要求分别如下。

第一阶段(语音阶段):能认读200个左右的汉字,书写时笔顺、笔画基本正确。

第二阶段:会认、会写《汉语水平词汇与汉字等级大纲》所规定的甲级字(800个),初步掌握其中90%以上汉字的偏旁部首,会用部首检字法查字典。听写速度为12~15个字/分钟,抄写速度为15~18个字/分钟;能写简单常用的应用文(请假条、留言条等)。

第三阶段:学完《汉语水平词汇与汉字等级大纲》所规定的乙级字(804个),掌握汉字笔顺、笔画和部首等规则,掌握率为90%以上;掌握常见的汉字基本组成要素,能较熟练地使用部首检字法查字典。听写速度达到15~18个汉字/分钟,抄写速度达到18~20个汉字/分钟;能写一般应用文;能把70%以上的授课内容整理成笔记;两节课内能写出400字以上句子通顺、意思完整的记叙短文。[1]

《高等学校外国留学生汉语教学大纲(长期进修)》(以下简称《教学大纲》)根据学习者汉语水平的高低将他们分为初、中、高三等。[2]

初级阶段的学习者在汉字方面的要求是:掌握《教学大纲》所规定的2411个初等阶段的词以及相应的汉字;能根据汉语拼音比较准确地读出汉字的读音;能借助词典阅读已学词汇占80%以上的文章,准确概括出文章的意思;在无词典条件下,能克服非关键性文字障碍,理解已学词汇占90%以上的文章的主要内容,阅读速度达到90~110字/分钟;能用汉语拼音比较准确地写出听到的普通话的音节,能汉字听写出已学过的字、词、句;汉字书写笔画清楚,笔顺基本正确,具有初步的汉字结构的知识;能将一段简单地叙述写成文字,能写留言一类的便条或简短的书信等应用文;能写出400字的记叙文,在文章中表达自己对某事的基本态度,错字或病句不至影响读者对主要内容的理解。

中级阶段的学习者在汉字方面的要求是:掌握2850个左右中级阶段的词语以及相应的汉字;能基本读懂一定工作范围内的应用文、一般性科普文章、新闻报道、大学入系的基础课程教材等,速度为120~150字/分钟;具备跳跃障碍、了解大意、查找信息、吸收新词语的能力;具备整体听、记较长语段(300字以内)要点的能力,速度不低于10字/分钟;能撰写一般性文章以及一定业务范围内的工作文件和普通应用文,格式基本正确,语篇较为连贯,表达较为清楚、准确。

高级阶段的学习者在汉字方面的要求是:掌握2800个左右的高级阶段的词语(其

---

[1] 杨寄洲:《对外汉语教学初级阶段教学大纲》,北京语言大学出版社,1999年版。
[2] 国家对外汉语教学领导小组办公室:《高等学校外国留学生汉语教学大纲(长期进修)》,北京语言大学出版社,2002年版。

中 1200 个左右为复用式掌握,1600 个左右为领会式掌握)以及相应的汉字;能读懂生词不超过 4%、内容较为复杂、语言结构较难的原文,并能较为准确地理解文章中的深层含义;能借助工具书读懂一定范围内的工作文件(如业务信函、契约、合同、协议书等)和报纸杂志上的一般性文章;有较强的快速阅读和查找信息的能力,阅读速度为 200～260 字/分钟;有较强的跳读、猜读和概括提炼的能力;能用汉字整体听、记较长语段的要点;能撰写一般性的文章和文件;能在两个小时内写出 800 字以上的命题作文(如议论文、记叙文、说明文、应用文等),汉字书写规范熟练,标点符号运用正确,用词恰当,语句通顺,条理清楚,句式有较为复杂的变化,能较充分地表达自己的思想感情。

《国际中文教育中文水平等级标准》规定:初等阶段,学习者应掌握汉字 900 个,能够书写汉字 300 个;中等阶段,学习者应掌握汉字 1800 个,能够书写汉字 700 个;高等阶段,学习者应掌握汉字 3000 个,能够书写汉字 1200 个。[①]

### 二、汉字教学原则

针对汉字的特点与大纲要求,汉字教学应该遵循以下几个方面的原则。

第一,应教授规范汉字,规范汉字就是指中华人民共和国建立以来,经过简化和整理,并且由国家主管部门公布推行的汉字,具体到对外汉语教学,《汉语水平词汇与汉字等级大纲》中规定的汉字就是规范汉字。

第二,按笔画、部件、整字三个层次,从笔画、笔顺、部件、间架结构等四个方面进行汉字教学。

第三,在汉字教学中尽量遵循由简到繁、由易到难的顺序。具体如下。

(1) 最先教的汉字应该是构字能力强、构词能力强、意义明确具体的独体字。如人、心、口、月、女、土、木、火、日、目、马、车、石等。

(2) 其次应该教构字能力不强,但构词能力强,意义明确具体、笔画少的汉字。如百、千、万、多、少、大、小、好、坏、左、右、早、中、上、下、年、天等。

(3) 再次就是构词能力强、规律性较强的合体表意字和意音字,如泪、林、宝、众、安、洋、饱、吵等。

(4) 然后就是构字能力强的不成字偏旁及其所构成的常用合体汉字,如亻、艹、宀、纟、阝、广等偏旁,以及由这些偏旁构成的合体汉字如位、字、草、花、纸、病等。

(5) 最后是其他组成常用词的一些汉字。

第四,处理好认读和书写的关系。《汉语水平词汇与汉字等级大纲》规定了留学生

---

[①] 教育部中外语言交流合作中心:《国际中文教育中文水平等级标准》,北京语言大学出版社,2021 年版。

在华四年汉字学习的总字量是 2905 个,并且要求做到"四会"(认、读、写、用),这在实践教学中是不能全部完成的。一般说来,认读的汉字量要远远大于书写的汉字量。汉字教学不可能、也没必要要求学生对所学过的每一个汉字都做到"四会"。

### 三、汉字教学步骤与基本方法

在课堂教学中,汉字教学一般采取先认读后书写,先教独体字后教合体字,一笔一笔地展示新部件的笔画、笔顺和结构的步骤进行教学。关于如何进行汉字教学,学界主要有三种主张。一是"先语后文",就是先学习口头表达,具备一定的口语能力后再学习汉字与写作。另一种做法是"语文同步",就是随文识字法。这种教学方式的特点是"字不离词,词不离句,句不离文",重视汉字的应用。当然它也有缺点,即字形、字义、字音主要靠学生的机械记忆,无法引导学生建立音、形、义内在的必然的联系。

还有一种做法是"集中识字法",这种做法充分考虑到了汉字的构形规律和汉字学习规律,在某个教学阶段进行集中汉字教学。它的主要特点是先识字后读书,集中教、分散练,学一批字读一批课文,再学一批字再读一批课文,做法上以"基本字带字"为基本识字方法,坚持"形音义统一,字词句相联系"。集中识字的基本做法有两点:一是归类法,包括形声字归类、形近字归类、同音字归类、近义字归类、反义字归类等;二是带字法,包括基本字带字(如用"方"字带出芳、防、纺、放等字),偏旁部首带字(如用"口"字带出吃、喝、唱、吐、吵、吹等字)。当然这种做法也存在不足,即很难找到或者编写出有趣又能体现识字规律的课文,即便编写出了识字课文,也很难兼顾词汇和语法的学习。

对外汉语课堂教学受制于多种因素,具体采用哪一种方法进行汉字教学,还应综合考虑教学对象的特点、教学时间的长短以及使用的教材等因素。

### 四、汉字教学具体方法与技巧

(一)利用字形的教学方法

**1. 偏旁识字法**

利用同一形旁系联汉字教学,是提高识字教学效率的好方法。在选用形旁时,我们要选用构字能力强的形旁。在对外汉语汉字教学大纲中,构字数大于十的形旁从高到低依次是:扌(手),氵(水),亻,忄(心),口,讠(言),木,纟,辶,艹,土,月,贝,女,灬(火),日,钅(金),刂(刀),足,疒,竹,禾,阝(左),衤(衣),犭,宀,目,石,页,车,力,攵,虫,广,马,米,彳,冫,王,酉,山,忄,礻,巾,穴。

**2. 部件识字法**

(1)部件组字法。

这种教学策略是先教一些笔画比较简单的成字部件作为基本字,再由基本字组合成合体字,使学生能够联系旧字学习新字,例如:木—对(树),广—木(床),日—寸(时),王—见(现),弓—长(张)。

(2) 部件拆分法。

这种方法是将一个复杂的汉字拆分成熟悉的部件字,例如:言—身—寸(谢),氵—艹—两(满),立—日—心(意),中———贝(贵),亡—口—月—贝—凡(赢)。

(3) 字族识字法。

字族识字法包括两种,一种是以某个独体字作为字族内的母字,通过添加笔画构成不同的汉字。例如:"人"字系列的"人、入、个、大、太、天、夫、从、众、介";"木"字系列的"木、本、末、未、林、森、休、体";"日"字系列的"日、里、早、旧、句、时、是、昌、晶"。一种是以某些特殊笔画为母字,通过增加笔画构成不同的汉字。如"乃"组成的常用汉字系列"乃、奶、仍、扔"等。

### (二) 利用字音的识字教学方法

**1. 声韵同音字法**

这种教学方法一般在语音教学和汉字教学初期进行。该方法好处在于一方面让学生练习了四调,另一方面能让学生在学习初期就建立声调不同、字词不同的概念,例如"ba"系列,就可以系联"八、拔、把、爸"等字词;"ma"系列,可以系联"妈、麻、马、骂"等字词。

**2. 同音异形字法**

同音异形字法是系联读音完全相同而字形不同的汉字,如"难、南、男,蓝、兰、拦、篮","零、铃、玲、灵、龄"等。这一方法有利于区别同音字。

**3. 同音形近字法**

同音形近字主要是指由读音相同或相近的同声旁组成的形近字,例如彩、采、踩、睬、才、材、财等。这些字是汉字学习中最难辨别的字,在书写和使用中干扰性最大,将其放在一起教学,利用偏旁区别意义,辨别异同,有利于学生更好地掌握。

### (三) 利用汉字字义的教学法

**1. 语义场系联法**

教学中教师可以采用同义系联、反义系联与同类联想系联等方法进行教学。

①同义系联的,如宽—阔,低—矮,房—屋,父—爸,母—妈,肥—胖,江—河。

②反义系联的,如多—少,男—女,进—出,好—坏,宽—窄,胖—瘦,正—反,难—易。

③同类联想系联的,如餐具类汉字、颜色类汉字、数字类汉字、衣服类汉字。

**2. 语境系联法**

语境系联法是通过词语、句子、短文来系联汉字的方法,类似于随文识字。不过,这里的词语、句子、短文主要是根据汉字教学的需要而设计,不是随文识字中完全根据语法、功能的需要来设计。例如通过小短文《小明家里有几口人》来学习亲属称谓字"爷、奶、爸、妈、姐、妹、弟"等。

### (四)利用汉字知识的教学方法

**1. 独体字字形溯源法**

汉字教学中结构简单的独体字多数是由古代的象形字演变而来,现代汉字字形已经看不出象形的特点,但借助古文字形能非常容易地让学生领会字形与字义,让学生在初期阶段比较容易地建立方块汉字笔画与意义的联系。这种方法主要针对的是象形字与指事字。例如"大、日、月、人、女、木、山、口、目、牛、羊"等字。

**2. 字理识字法**

字理识字法是依据汉字的构造规律,运用汉字形音义的关系进行识字教学的方法,也就是通过对象形、指事、会意、形声等造字方式的分析达到识字的目的。在现代汉字教学中,只有一部分字理明显的表意字和意音字可以采用这种方法。例如,把"库"解释为"放车的房子";把"疯"解释为一种病,偏旁"疒"表示该字的义类,声旁"风"表示该字的读音。

## 第三节　汉字教学实践

### 一、自主学习

(1) 阅读相关论著。

①黄伯荣、廖序东:《现代汉语(上)》,(增订六版)第二章"文字",高等教育出版社,2017年版。

②梁彦民:《汉字教程》,北京语言大学出版社,2004年版。

③施正宇:《新编汉字津梁》,北京大学出版社,2005年版。

④卞觉非:《汉字教学:教什么？怎么教？》,《语言文字应用》,1999年第1期。

⑤施正宇:《论汉字能力》,《世界汉语教学》,1999年第2期。

⑥吕必松:《我们怎样教汉语——兼谈汉字教学在汉语教学中的地位和作用》,《汉字文化》,2012年第2期。

(2) 观看相关汉语汉字教学示范课与慕课,熟悉汉字教学的具体流程。

(3) 组织学生进入对外汉语教学课堂听课,记录汉字教学过程。

## 二、实践准备

经过课前的自主学习,学生对汉字知识以及对外汉字教学方法有了一定的了解。课堂上,教师可以对相关知识与方法中的重点部分进行点拨式讲解,并针对学生在自主学习过程中遇到的问题进行集中答疑。

教师布置实践教学任务,组织学生分组备课。下面的选题供参考。

(1) 大、肚、夫。
(2) 打、草、自。
(3) 目、休、疼。
(4) 母、牧、吃。
(5) 女、泪、清。
(6) 牛、鱼、树。
(7) 立、说、笑。

## 三、模拟教学

全班学生进行分组,每组6人左右,各组从以上选题中选择一个作为教学内容,先集体备课然后选出一名代表在课堂上进行汉字教学展示,每人教学时长10分钟左右。教学时要求把黑板与多媒体结合起来,并录下整个课堂教学过程,以便后期进行教学反思。

## 四、教学研讨

学生完成模拟教学展示后,教师可以引导学生对模拟教学进行讨论,讨论的焦点集中在以下几个方面。

(1) 确定的教学重点与难点是否准确?
(2) 教学环节与教学步骤安排是否得当?
(3) 使用的教学方法是否科学?
(4) 教学有什么优点?还存在哪些不足?

教师对大家的讨论与观点进行点评与总结,并对每组的模拟教学进行评分,评分按照一定的权重算入该组学生的最终实践成绩。此外,教师可以将学生的课堂教学视频收集起来,分类建立汉字教学视频库,作为下一轮教学时学生自主学习的材料。

【课后思考】
(1) 什么是象形造字法?什么是指事造字法?二者有何区别?
(2) 汉字笔顺的依据是什么?有人认为,教外国留学生不用强调笔画教学,要求结果正确就行了。谈谈你对这种观点的看法。

（3）在对外汉字教学实践中，老师会将学生分为欧美国家的留学生和汉字文化圈的留学生，并根据不同的教学对象采取不同的汉字教学方法。请问，老师为什么做这种区分？请根据自主学习的感悟谈谈你的看法。

# 第三章 词汇与词汇教学

面向外国留学生的汉语词汇教学包括两种,一是"现代汉语词汇"课教学,这门课属于专业知识类课程,二是汉语技能课中的生词教学环节,是汉语技能教学的内容。本章讨论的是第二种,但是知识部分又与"现代汉语词汇"课内容密切相关。本章第一节的内容就是"现代汉语词汇"课的知识。

## 第一节 词汇知识

### 一、词与词汇

语言中最小的音义结合体叫作语素,例如"人"这个语素,读音是 rén,它的词汇意义是"能制造工具进行劳动的高等动物",它还具有"名词"的语法意义。"马虎"也是一个语素,它的语音形式是 mǎhu,词汇意义是"不认真",语法意义是"形容词"。它们都是最小的音义结合体,不能分解成更小的有意义的单位,因此都是语素。词则是由语素构成且比语素高一级的语法单位,是最小的能够独立运用的语言单位。"独立运用"是指能够单说或单用,可以直接拿来回答问题。比如句子"我是外国留学生"中,我、是、外国、留学生,都能够单说,都是词。而短语则是由词和词组合而成的语言片段,也叫词组,它和词一样都表示一定的意义,也是造句成分,可以单独使用,但短语不是"最小的"能够独立运用的单位。它是可以分离的,中间往往能插入别的造句成分,而词是不能分离的,分离之后就不能表示原来的意义了。比如"我的书"就是一个短语,是由我、的、书三个词组成的,短语中可以添加别的词,比如"我的汉语书""我刚买的书"等。短语中有一种固定组合,一般不能任意增减、改换其中的词语,这种短语叫作"固定短语",比如"联合国""扬眉吐气""穿小鞋""壁虎掀门帘——露一手"等。

一种语言中所有的(或某一个范围内的)词和固定短语的总和叫作词汇。比如说"汉语词汇"就是指汉语中所有的词和固定短语的总和。我们也可以说"《哈利·波特与魔法石》的词汇"，它是指《哈利·波特与魔法石》这本书中使用的所有的词和固定短语。词汇一般可以分为基本词汇和一般词汇。语言中用来表示最必需、最重要事物和概念的词是基本词，基本词的总汇即基本词汇。基本词汇是日常生活中最常用的词汇，代表的意义比较稳定，并且可以由它们构成新的词和词组，能够为使用该语言的群体所共同理解和使用。基本词汇以外的词的总汇就是一般词汇。与基本词汇相比，一般词汇使用的范围比较狭窄，使用的频率也比较低，从总体上讲，在稳固性和构词能力等方面也比基本词汇弱得多。词汇是语言的"建筑材料"，要想真正掌握一门语言，必须先掌握一定数量的词汇。

## 二、词的构造

### （一）词的形式

从词的形式来说，现代汉语里的词可以有两种分类。一是根据音节多少分为单音节词与多音节词。单音节词如白、把、马、人、书、一、走等。多音节词是由两个或两个以上音节构成的词，如大学、天气、来往、司令、美好、方便面、主持人、太空服、连锁店、试管婴儿、多米诺骨牌等。古代汉语也有单音节词和多音节词之分，其中以单音节词为主。现代汉语恰恰相反，多音节词占主要地位。据统计，现代汉语中双音节词占70％以上，由三个以上音节构成的词有日益增多的趋势。另一种分类，是根据词的不同内部结构将其分为单纯词与合成词。单纯词是由一个语素构成的词，如人、笔、走、高、两、逍遥（叠韵词）、秋千（双声词）、姥姥（叠音词）、可口可乐（音译词）等。而合成词则是由两个或两个以上的语素组合构成的词。合成词又可以根据内部语素的性质与语素之间的关系分为不同类型。

### （二）合成词的构造

现代汉语词汇中，合成词在数量上占绝大多数，其内部语素之间的构造方式也多种多样。根据语素在构词中的作用，我们可以把它分为词根和词缀两类。词根是词的主要组成部分，是词义的基础。词根语素的意义比较实在，在体现词的意义上起着主要作用，一个词不能缺少词根。词缀语素是词中附加在词根上的构词成分。词缀语素数量很少，意义也没有词根语素实在，但构词能力很强。一个词可以只有词根而无词缀。例如"改革"中的两个语素"改"和"革"都是词根语素，组合在一起表示一个意义。而"老师""花儿"中的"老"和"儿"是词缀语素，不能单独使用。

根据词根和词缀的不同组合情况，合成词的构造方式可以分为复合式、附加式与重叠式三种，具体情况如下。

#### 1. 复合式

复合式合成词是由两个或两个以上的词根结合在一起组成的。从词根之间的相互关系看,复合式合成词又可以分为以下几种类型。

（1）偏正型。

前一词根限制、修饰后一词根,词的意义以后一词根为主,前一词根只起附加的作用。例如：

气功　小说　冷饮　细心　冰箱　地铁　必然　火红
前进　回顾　广播　遥控　中立　崭新　鲜红　美观

（2）支配型。

前一词根表示动作、行为,后一词根表示动作、行为所支配的对象。例如：

主席　将军　理事　立春　举重　结果　签名　下海
冒险　出版　建议　超群　动人　进步　抽象　及时

（3）补充型。

后一词根补充说明前一词根,词的意义以前一词根为主。补充型词又可以分为两类。

第一类是前一词根表示动作,后一词根表示动作的结果或趋向的词,这一类的词较多。例如：

提高　证实　纠正　震动　充满　放大　推广　降低
分明　凑巧　充实　镇静　提起　失去　收回　奋起

第二类是前一词根表示物件,后一词根是物件的计量单位,对前一词根起着补充说明作用的词。例如：

纸张　车辆　人口　书本　信件　船只　花朵　羊群

（4）陈述型。

前一词根表示被陈述的对象,后一词根表示陈述的情况。例如：

事变　花生　堤防　心得　沟通　体贴　神往　符合
地震　日食　年轻　面熟　心慌　锋利　笔直　人为

（5）联合型。

由两个词根并列组合而成。根据两个词根意义关系的不同,又可以分成以下四类。

第一类是两个词根的意义相同或相近的词。例如：

途径　朋友　功劳　语言　拼搏　污染　答复
爱好　商量　简单　清楚　孤单　刚才　自从

第二类是两个词根的意义相反的词。例如：

老小　今昔　表里　奖惩　彼此　高下　迟早
买卖　动静　矛盾　春秋　来往　反正　横竖

这一类中有些词的并列的词根原义仍然保留着,组合成的词包含相互对立的两方面意义,如"表里""迟早"等。有的并列的词根原义出现了变化,组合成的词产生了新的意义,如"动静""反正"等。

第三类是两个词根的意义相关的词。例如:

骨肉　血汗　心胸　江湖　河山　水土　形容

描写　印刷　负担　招待　零碎　辛酸　冷淡

以上这些词不能从词根的字面意义来解释,它已经具有了新的意义。

第四类词与前三类有所不同,虽然它们也是由两个词根并列组合而成,但其中一个的意义已经消失了,所以这类词又称偏义词。例如:

国家　人物　窗户　质量　恩怨　忘记　好歹

### 2. 附加式

附加式合成词由一个词根和一个词缀结合在一起组成。词根是词的中心部分,词缀是词的附加部分。根据词缀在词中的位置以及是否叠音,又可以分为三类。

第一类是词缀(前缀)＋词根。例如:

老——老乡　老师　老总　老虎　老鹰

阿——阿爸　阿哥　阿姨　阿毛　阿猫

第二类是词根＋词缀(后缀)。例如:

子——孩子　脑子　帽子　椅子　日子

儿——瓶儿　事儿　花儿　鸟儿　个儿

头——石头　苗头　看头　奔头　甜头

性——感性　弹性　重要性　积极性　创造性

第三类是词根＋叠音词缀。例如:

干巴巴　亮晶晶　绿油油　病歪歪　慢腾腾

美滋滋　火辣辣　喜洋洋　气呼呼　羞答答

### 3. 重叠式

重叠式组合词由相同的词根重叠组成。例如:

爸爸　哥哥　姐姐　星星　恰恰　仅仅　刚刚

## (三) 简称

一些长的词语、名称使用起来不方便,人们常常会对其加以简化。这种简便的称呼就是简称。常见的简称方式有三种。

### 1. 减缩

减缩指从原词语或全称中截取关键性语素组合而成的词。例如:

清华大学—清华

居民身份证—身份证

中国人民解放军—解放军

**2. 紧缩**

紧缩指从原词语或全称中选取有代表性的语素组合而成的词。例如：

高等教育—高教

彩色电视机—彩电

人民代表大会—人代会

**3. 标数概括**

标数概括指用数字概括标示几项具有共同特点的成分。例如：

拥军优属、拥政爱民—双拥

包修、包退、包换—三包

心灵美、语言美、行为美、环境美—四美

## 三、词义

词义是指词的语音形式所表示的意义内容。词义包括词汇意义和语法意义。一般所说的词汇意义又包括理性意义和附加色彩义。本章讲的词义通常指词汇意义，即狭义的词义，也就是词典中对词项所做的说明，如"书"指的是装订成本的著作。

（一）词义的分类

**1. 理性意义**

词的理性意义是人对物质世界和精神世界的各种对象的概括反映而形成的主观印象，也叫概念义，是词义的核心。词典中对词的解释就是理性意义。如词典对"灯"的释义是：照明或其他用途的发光的器具。这就是"灯"的理性意义。

**2. 附加色彩义**

附加色彩义主要包括感情色彩义、语体色彩义与形象色彩意义等。感情色彩义指词语包含的褒贬义，如"鼓励""怂恿"分别含有褒义和贬义。语体色彩义指词语包含的书面语和口语色彩，如"诞辰""生日"，前者适用于正式的场合，后者则适用于日常生活。形象色彩意义是指有些词语能使人联想起有关事物的形态、色彩和声音等形象，如"鸡冠花""鹅卵石""雪白""绿油油""乒乓球""笑哈哈"等词语均带有生动的形象内涵。

（二）词的多义性

**1. 单义词和多义词**

只有一个义项的词称单义词，有两个或两个以上义项的词为多义词。

一般说来,事物的名称如人名、地名等是单义的;草木、鸟兽、器物的名称也多是单义的。例如牡丹、朱鹮、熊猫、洗衣机。科学术语要求意义精确固定,不容含混,大多是单义词。例如粒子、光缆、程控、转基因。

一个词刚出现的时候常常是单义的,表示某一客观事物、现象。可是语言所要表达的东西总是在不断增加,于是有关的意义就会用已有的词来表示,从而产生了多义词。例如"步",原来表示行走、步行,现代汉语中,"步"的含义有:行走时两脚之间的距离;脚步;阶段;地步,境地;旧制长度单位,一步等于五尺;用脚走;踩、踏;用脚步等量地。

**2. 基本义和转义**

(1) 基本义。

基本义是指多义词的几个意义中最常见、最主要的意义。例如:"传(chuán)"的基本义是由一方交给另一方。一些其他意义多与此有关,如把学问、技艺教给别人(传授),遗留下来传给后代(留传),广泛散布(传播),把热或电从物体的一部分传到另一部分(传导),以及表示某种思想、感情,发出命令叫人来(传唤、传讯),等等,都是如此。

(2) 转义。

转义是指多义词的几个意义中,由最常见、最主要的意义发展转化而来的意义,转义是针对基本义讲的。具体说来,它又分为两种情况。

一是引申义,经推演发展而产生的意义叫引申义。例如:"热"的基本义是温度高,由此引申出使热、加热(多指食物),生病引起的高体温(发热),情意深厚(亲热、热爱)等意义。此外"热"还用于形容非常羡慕或急切想得到(眼热、热衷),表示受很多人欢迎的(热门、热销),加在名词、动词或词组后表示形成的某种热潮(足球热、旅游热)。

二是比喻义,借用一个词的基本义或引申义来比喻另一个事物,这样产生的新义叫比喻义。例如:"窗口"原指窗户,现在常喻指反映或展示精神上或物质上各种现象、状况的地方(王府井是北京商业的窗口),也喻指渠道、途径(工厂开设门市部,可以成为了解市场信息的窗口)。

## 四、同义词、反义词和同音词

(一) 同义词

**1. 什么是同义词**

意义相同或相近的一组词叫同义词。同义词间也有某些细微的差别。例如:"庆祝""庆贺""祝贺",都有以一定方式对喜庆的事情表示美好心意的意思,但略有不同。"庆祝"着重表示喜庆或纪念,多用于隆重的事情,方式常常是群众性活动;"庆贺"着重表示贺喜,适用范围较广,不限于集体,也适用于个人,方式多种多样;"祝贺"着重表示美好的祝愿,对象也较广,方式或是文字的、或是口头的。

**2. 同义词辨析**

同义词的辨析在对外汉语教学中具有重要的意义,汉语学习者在使用近义词时经常会出现一些偏误,汉语教师有必要在讲授近义词时,有意识地讲解近义词的意义和用法的差异。同义词之间的差异主要从词性、词义、搭配和用法等方面进行辨析。

(1) 词义的差异。从词义的轻重、范围的大小,及词语的色彩等方面进行辨析。

①意义的轻重。例如:"喜爱""酷爱",二者都有爱好某事某物之意,但"酷爱"比"喜爱"的程度重。

②范围的大小。例如:"辽阔""广阔",二者都是指面积广大,但"辽阔"比"广阔"所指的范围更大。

③色彩不同。例如:"团结""勾结",二者都有为了一个目的联合或结合的意思,但是二者感情色彩不同,"团结"是褒义词,用于好的方面,而"勾结"是贬义词,指为进行不正当的活动而暗中结合。

(2) 搭配上的差异。有些近义词搭配对象不同。

"提高、改进、改善"可以分别搭配为"提高水平、改进方法、改善生活"。

"参观+地点"可以搭配成"参观工厂/学校/医院/故宫/名胜古迹";"访问+地点或人"可以搭配成"访问中国/上海/一位作家/电影明星";"拜访+人"可以搭配成"拜访亲友/师长",是敬辞。

(3) 词性的差异。例如"突然"和"猛然",都有动作变化快、出人意料的意思,都能作状语,但"突然"还可以作谓语、定语、宾语,如"变化很突然""突然的变故""感到突然",所以,"突然"是形容词,"猛然"只能作状语,是副词。

(4) 用法的区别。要弄清楚在什么情况下同义词之间可以相互代替,什么情况下只能用词语 A 不能用词语 B,什么情况下只能用 B 不能用 A。我们以"往往""常常"为例来说明。

"往往"和"常常"作为两个表示时间频率的副词,在意义上具有一定的相似性,都可以表示某一动作或情况经常发生或出现。如:

①周末的时候,他往往起得很晚。

②不开心的时候,他往往听歌。

③他常常起得很晚。

④他常常听歌。

二者不同之处在于:"往往"表示对到现在为止的情况的总结,强调有一定的规律性。用"往往"的时候,句子中要说明重复出现这种情况的条件和结果。

例①和②强调了动作发生的条件:"周末的时候"和"不开心的时候"。而"常常"则只强调动作的重复性,不一定有规律,如③和④只是说明行为重复地发生,因此,这两个句子中的"常常"不能换成"往往"。

因此,句中没有动作行为发生的条件或结果,只能用"常常"。例如:

⑤他常常感冒。

⑥这儿常常下雪。

⑦他常常发烧。

⑧我们常常去看电影。

如果句中含有动作行为发生的条件或结果,则二者都可使用。例如:

⑨他常常/往往一感冒就发烧。

⑩冬天的时候,这儿往往/常常下雪。

"常常"还可以表示说话人一种主观的愿望,而"往往"不能。例如:

⑪请你常常来我家。

⑫欢迎你有空的时候常常来玩。

另外,"常常"有否定式"不常"或"不常常","往往"则没有否定式。

### (二) 反义词

意义相反或相对的词叫反义词。例如"冷"和"热","进"和"出","美"和"丑","多"和"少"等。这些都是意义相反的反义词,它们是客观事物、现象矛盾对立的反映。但是也有一些词,如"天"和"地","日"和"月","春"和"秋","首"和"尾"等,它们所反映的是事物、现象本身,严格说来并不是互相矛盾对立的,只是人们在运用时经常对比并举,成为社会的语言习惯,也被视为反义词。

一个词通常只有一个反义词,但也存在复杂的情况。一个多义词同时有几个意义,因此它的每一个意义,都可能分别同意义相反或相对的词构成反义关系,也就是说,形成一个词和几个反义词对应的情况。例如"正",表示垂直或符合标准方向时,反义词为"歪";表示位置在中间时,反义词为"侧""偏";表示正面时,反义词为"反";表示正确时,反义词为"误";表示合乎法度、端正时,反义词为"邪";表示职务是第一把手时,反义词为"副";表示大于零的数时,反义词为"负";等等。再如"进步",表示向前发展、比原来好时,反义词为"倒退""退步";表示积极进取时,反义词为"落后";表示对新事物勇于接受时,反义词为"保守";表示顺历史潮流而动时,反义词为"反动";等等。以上是从多义词这个角度讲的,倒过来说也是一样,即几个词可以和一个多义词的几个不同意义分别构成反义配对关系,形成几个反义词和一个词对应的情况。反义词之间错综复杂的关系,使语言的运用具有很大的灵活性。

### (三) 同音词

同音词是指语音相同,而意义不同的词。同音词按书写形式是否相同又分为两类。

(1) 书写形式相同。例如：

会——我今天上午有一个会。

会——你会英语吗？

会——明天我会去的。

生气——年轻人生气勃勃，充满了活力。

生气——他半天没说话，准是生气了。

(2) 书写形式不同（多音节词部分相同，部分不同）。例如：

攻关——重点科研项目要组织人员协作攻关。

公关——她是一名公关小姐。

何妨——机遇还是有的，何妨试试。

河防——要吸取历史上的水患教训，加强河防。

## 第二节　词汇教学

词汇教学是语言教学的基础内容之一，也是汉语综合课教学的重要组成部分。除部分语音教学阶段外，一切课堂教学都是建立在词汇教学的基础之上的。词汇教学尽管不是基础汉语教学的核心，但却是必不可少的重要环节，而且多数课堂教学往往是从词汇教学开始的。尤其是在中、高级阶段，词汇更是教学核心内容之一。因此，搞好词汇教学对搞好综合课教学和提高学生汉语言能力是非常重要的。

### 一、教学内容

《高等学校外国留学生汉语教学大纲（长期进修）》[1]对汉语词汇教学有明确的规定：通过对初等阶段四级里听、说、读、写等语言技能的训练，使学生掌握规定的 2410 个左右初等阶段的词以及相应的汉字；通过对中等阶段四级里各项语言技能的训练，使学生掌握 2850 个左右中等阶段的词以及相应的汉字；通过对高等阶段四级里听、说、读、写等语言技能的训练，使学生掌握 2800 个左右的高等阶段的词语（其中 1200 个左右为复用式掌握，1600 个左右为领会式掌握）以及相应的汉字。

《国际中文教育中文水平等级标准》对汉语学习者应该掌握的汉语词汇量做了量化规定：初等水平要求掌握词汇 2245 个；中等水平要求掌握词汇 1140 个；高等水平要求掌握词汇 5636 个。[2]

---

[1] 国家对外汉语教学领导小组办公室：《高等学校外国留学生汉语教学大纲（长期进修）》，北京语言大学出版社，2002 年版。

[2] 教育部中外语言交流合作中心：《国际中文教育中文水平等级标准》，北京语言大学出版社，2021 年版。

## 二、词汇教学的原则

按照李珠在《关于初级阶段综合课的词语教学》一文中所述,词语教学应遵循以下原则。①

(1) 词语教学应与语境挂钩,避免脱离特定的语境,孤立地讲某个词语的用法。语境可以将词语的用法呈现出来,所以教师可以通过设置特定的语境帮助学生掌握词语的用法。

(2) 词语教学应与语法教学结合。意义的表达一般离不开句子,即词语在句子中显义,句子以词语为依托,语法为词语教学服务。我们在语境中理解某一词语的语义后,还要充分了解该词语运用时在语法上的限制和条件。

(3) 词语教学应以培养学生语段篇章能力为目标。

以上三条属于词语教学的一般原则,具有导向性,在具体的词语教学中,教师还须采用具体的教学技巧来践行这些原则。

## 三、词汇教学的方法

词汇教学包括"展示生词""讲解生词"与"练习生词"三个重要环节,因此,词汇教学方法与教学技巧相应地包括展示词语的方法、讲解词语的方法与词语练习的技巧。

### (一) 展示词语的方法

展示词语就是呈现生词的音、形和义,是把所要教的词通过听写、认读、板书等方法介绍给学生。"音"可以通过朗读、领读和标注拼音来介绍,"形"可以通过 PPT 或板书汉字的字形来介绍,有的词语的"义"可以通过实物或图片呈现给学生。

**1. 听写**

词语听写要在课前预习的基础上进行,听写前教师可以先在黑板上写下序号,按照事先设计好的顺序听写。词语听写可以安排多名学生在黑板上完成,其余的学生在下面听写,听写形成的板书可以直接用于后面的生词讲解,甚至课文复述。听写完后,教师可以让学生自己发现错误并上台改正或让同学帮助改正。

**2. 认读**

认读词语的方法可以是个读、领读、个读和齐读相结合。领读的目的是正音和纠正个读时的错误发音。个读可以按座位顺序一个一个地读,也可以随机读。

**3. 板书的排列方式**

在实际教学中,每课都有十几个生词,中高级阶段甚至有几十个生词,所以教师在

---

① 李珠《关于初级阶段综合课的词语教学》,《世界汉语教学》,1998 年第 3 期。

展示生词时应当根据教学进程,从整体考虑,确定呈现词语的先后次序。一般来说,生词表中的生词都是按其在课文中出现的先后顺序排列的。为了使课堂教学的各个环节紧凑、有序地衔接,教师应该根据教学的需要,对生词表中生词的次序加以调整或重新排列后再进行听写、认读、讲解等教学活动。常见的排列方式有以下几种。

(1) 按词性排列。

教师可以把课文中的生词按照词性重新归类排列。如《发展汉语·初级综合1》中的第六课,课文一的生词有:想,买,电子,词典,电子词典,部,电脑,台,块,钱,百,千,一共,需要。

教师可以按照词性将这些词重新归类呈现如下。

想　买　需要　　　　　　　　　　　　　　(动词)

电脑　电子　词典　电子词典　钱　　　　　(名词)

部　台　块　　　　　　　　　　　　　　　(量词)

百　千　　　　　　　　　　　　　　　　　(数词)

一共　　　　　　　　　　　　　　　　　　(副词)

这种排列是从词的语法功能出发,便于教师根据不同词性的特点安排学生进行词语搭配的练习,也有利于学生建立和巩固对汉语词性的理解。

(2) 按话题排列。

教师可以根据课文内容,把生词按不同的话题分组排列。如《汉语教程(第3版)》第二册(上)中的第2课课文《(一)你怎么了》,内容是谈论去医院看病,其生词表中的生词有:病人,肚子,厉害,了,片,拉肚子,拉,鱼,牛肉,化验,大便,小便,检查,结果,出来,得,肠炎,消化,开(药),打针,(饭)后。

教师可以按照话题将这些词语重新排列如下。

病人　厉害　了　肚子　拉　拉肚子　　　　(病人谈症状)

鱼　牛肉　　　　　　　　　　　　　　　　(吃的东西)

化验　大便　小便　检查　结果　出来　　　(谈检查)

得　肠炎　消化　开(药)　片　(饭)后　打针　(医生诊断并处置)

第一组生词是用于病人谈症状,第二组生词是用于说病人吃了什么东西,第三组生词是用于谈检查,第四组生词是用于表述医生的诊断并处置。教师按照话题分组讲练生词,组织对话,给学生提示。这样排列的好处是将生词的讲解和运用有机地融为一体,学了就用,记忆深刻。这种方法适用于综合课、口语课的教学。

(3) 按照相关性排列。

教师可以根据词与词之间意义的相关性或者组合的相关性对生词表中生词进行

重新排列。例如《汉语初级口语教程(上)》第三课的生词有:牛仔裤,讨价还价,荔枝,卖,来,别的,最少,算了,最多,拉倒,货,小摊儿,衣服,小贩,砍价,名牌儿,进口,制造,出口,转,内销。①

我们可以按意义以及词语搭配的相关性对这些生词进行重新排列如下。

第一组:小摊儿,小贩,货,卖,来。

第二组:衣服,牛仔裤,名牌儿。

第三组:进口,制造,出口,转,内销,别的,荔枝。

第四组:砍价,讨价还价,最多,最少,算了,拉倒。

上面每组词都可以作为关键词组合成一大段话,形成一个"故事"。这种排列法有利于帮助学生把孤立的、表面上彼此似乎毫不相关的词语,组织成有机的、相互联系的语言材料存入大脑。

(4) 按照课文中出现的顺序排列。

教师可以按照生词在课文中出现的顺序排列,并与读写练习结合,根据班级学生人数将这些生词进行分组。仍以《汉语初级口语教程(上)》第三课的生词为例,我们可以将这些生词分为以下三组。

第一组:荔枝,卖,最少,最多,算了,拉倒,讨价还价。

第二组:货,小摊儿,衣服,小贩,砍价,牛仔裤,名牌儿。

第三组:进口,制造,出口,转,内销,来,别的。

第一组是第一个对话课文里的生词,第二和第三组是第二个课文里的生词。老师可以按照这个顺序对学生进行分组认读、听写,然后教师以重新排列的生词为线索叙述或串讲课文。学生以这些生词为提示线索听教师串讲课文和复述课文。这种生词呈现方法有助于提高学生记忆的效果。该方法适用于精读课、口语课、听力课等多种课型。

(二) 讲解词语的方法

词语解释的方法是最具有个性的,主要包括解释词义与讲解用法。词的用法包括词的语法功能及特点、词在句中的位置、词的语境义、词的搭配、词的使用范围等。解释词语的方法可以大致分为两类,即词义解释的方法和用法讲解的技巧。

**1. 词义解释的方法**

我们可以利用实物、图片或动作直观解释,以旧词释新词,根据语素推测词义,利用语境释义,例句释义等。

(1) 直观解释。教师可以利用教室里有的,或自己方便携带到教室去的实物来解

---

① 杨寄洲、贾永芬:《汉语初级口语教程(上)》,北京大学出版社,2007年版。

释生词。例如：

窗帘　墙　旅游鞋　杂志　衬衣　钱币

或利用图片或动作释义。如：

红　黄　绿　白　黑　　　（卡片）

冬天　图书馆　琉璃瓦　　（卡片）

推　举　抬　　　　　　　（动作）

（2）用语素法解释。联合、偏正结构的词适合用语素法解释词义，例如：

关闭　美好　买卖　开关　笔直　急需　面试　深夜

（3）用同义词和反义词解释。例如：

一下子—很快　　立刻—马上

干燥—潮湿　　　增加—减少

（4）例句释义。意义不好解释的词可用例句来解释。比如讲"难怪"一词的意思时，教师可以直接结合本班学生的实际情况板书几个例句：

①难怪昨天玄多希没来上课，原来她生病了；

②难怪教室里这么冷，原来空调坏了；

③难怪苏玛汉字写得这么好，原来她每天都练习。

这些都是班里的真实情况，学生很容易明白，因此，大家马上可以据此造出类似的句子来，例如：

④难怪傅莉雅这么高兴，原来她的爸爸和妹妹要来看她；

⑤难怪他的汉语提高得这么快，他交了一个中国朋友。

（5）语境释义。难解释的词语也可以设置若干情景进行解释，例如讲解"凑合"。

①下课时已经12点了，食堂里你爱吃的菜都卖完了，又不想去别的地方吃怎么办？凑合吃吧。

②你喜欢看足球比赛，打开电视却看不清楚，怎么办？凑合看吧。

③电脑很旧了，你想有台新电脑，可没钱买，怎么办？凑合用旧的吧。

例句释义法和语境释义法不仅能帮助学生弄懂词语的意义，还能顺便介绍词语的用法。这两种释义的方法都非常实用。

**2. 用法讲解的技巧**

教师可以采用词语扩展和讲解词语等方法搭配对词语用法进行讲解。

词语扩展是由词扩展为短语，由短语扩展为句子和对话，最终扩展而成的句子最好是本课课文中的语句，这样可以为后面的语法教学和课文教学做好铺垫。例如讲解"课"这个词可以由短语上课、下课、有课、没（有）课、有没有课扩展为以下的对话。

①你星期六有没有课？星期六没有课。

②今天上午你有没有课？我今天上午有课。

③你今天上午几点有课？我今天上午十点十分有课。

讲解词语的搭配要结合词语的词性,讲它常和哪些词搭配、怎么搭配、在句子中做什么成分。名词的用法讲解要结合它跟量词的搭配,如"伞":一把伞,一把太阳伞,一把漂亮的太阳伞。动词的用法讲解要看能不能带宾语,跟什么宾语搭配,能否重叠等。例如讲解"喂"这个词时要注意"喂"是动词,后边可以带宾语,可以重叠。

①喂＋人:喂病人,喂孩子。(把食物放在嘴里)

②喂＋动物:喂猫,喂狗,喂鱼,喂鸟。(投放食物、饲养)

③喂＋(部分)食品:喂饭,喂牛奶,喂药。(把食物、药物放到嘴里)

④喂＋双宾语:喂他一点粥,喂狗一块肉。(不能重叠,宾语$_1$是人或动物,宾语$_2$是食品)

⑤给＋人或动物＋喂＋食品:给孩子喂奶,给狗喂食。

直接说明是指教师不借助其他教学手段,直接向学生讲清该词的用法。在向学生讲授词的语法特点、词在句中的位置、能否带宾语(指动词)、在什么情况下使用、用于什么句型等方面的用法时,都可以采用"直接说明"这种方法。

### (三) 词语练习的技巧

词语练习是指在学生初步理解了词义与基本用法的基础上,组织学生反复操练与实践,逐步达到熟练、运用自如的程度。词语练习大体可以分为四类,即理解性练习、记忆性练习、辨别性练习、用法性练习。

**1. 理解性练习**

理解性练习可以帮助学生真正理解词语意义,为学生之后的词语记忆与运用打下基础。

(1) 直接用简单的汉语进行解释。比如让学生用汉语解释下列词语中"打"的不同含义:打毛衣,打的,打球。学生可能会这样回答:打毛衣就是用线做衣服;打的就是叫出租车;打球就是用手打的球类运动,比如打篮球、打羽毛球。然后老师再进一步解释、补充、完善学生的回答,帮助学生正确理解词语的意思。

(2) 用成语或俗语概括语句的意思。教师可以设置情境,请学生运用恰当的成语或俗语把教师所说的意思概括表达出来。该练习的目的在于培养学生准确运用成语或俗语来简练生动地表达自己意思的能力,同时也可以借此检查学生的理解是否正确。例如以下对话。

师:杭州是最美的地方。

生:上有天堂,下有苏杭。

师：人们不喜欢批评，可是批评对人有好处。

生：忠言逆耳利于行。

（3）采用词语联想的方式让学生说出相关的词语。教师先说出一个词，然后请每位学生迅速说出联想到的词语。例如以下对话。

师：蔬菜。

生：黄瓜、土豆、茄子、柿子椒、白菜、胡萝卜……

师：运动。

生：跑步、打篮球、游泳、健身、骑自行车、划船……

（4）采用展示图片的方法让学生联想相关的词语。学生根据教师所提供的画面形象，说出联想到的汉语词汇的练习。这种练习的目的仍然是训练学生的反应能力和词语联想能力。例如老师通过PPT展示一张宿舍的照片，请每位学生迅速说出联想到的词，如房间、床、桌子、衣柜、空调、书架……

**2. 记忆性练习**

记忆性练习的主要目的在于帮助学生记忆词语的意义和发音，以及词与词之间的习惯搭配。主要有以下几种方法。

（1）直接利用问答进行练习。教师通过直接提问并要求学生回答来帮助学生记忆生词。例如学习美国、纽约、华盛顿，法国、首都、巴黎，德国、柏林，中国、北京，日本、东京，英国、伦敦，城市这几组词，可以用下面的方法进行练习。

师：北京是哪国的首都？

生：北京是中国的首都。

师：中国的首都叫什么？

生：中国的首都叫北京。

也可以采用一个学生提问，另一个学生回答的方法进行问答练习。

（2）利用实物进行练习。利用教室里现成的或事先准备好的实物组织学生练习。如教授桌子、椅子、门、窗户、黑板、粉笔、练习本、字典等词语时，教师可以利用教室中现有的实物进行练习。例如下面这种方法。

师：李东昊桌子上有什么？

生：他的桌子上有课本和字典。

师：教室墙上有什么？

生：教室墙上有地图和钟表。

（3）利用图片进行练习。教师可以在备课时先准备好图片（照片或者自制的卡片),上课时利用这些图片组织学生练习,以帮助他们记忆。比如教教室、桌子、椅子、黑板、窗户、门、地图等生词的时候,除了用实物以外,教师也可以利用一张教室的图片,指着图片上的物品请学生反复练习。

(4) 利用体态和动作进行练习。教师可以利用体态和动作启发学生说出词语,加强记忆。比如教师在教趋向补语时,可以通过做出动作帮助学生理解并记忆"动词(v)+趋向补语"的意思及用法,如教师可以演示站起来、坐下来、走过来、跑过去、拿过来、走进来、走出去等动作,再比如教师可以通过手势帮助学生学习1到10的数字。某些常用的表示动作的动词,老师也可以通过体态来启发学生说出相应的词语。

(5) 通过词义联系进行练习。教师可以说出一个词,请学生迅速说出这个词的同义词或反义词。这种练习的目的是让学生对汉语中成组的同义词或反义词进行回想,以加深记忆,并培养他们对汉语词汇的联想能力。这种方法适用于各种水平的学生。

(6) 通过释义猜词的方法进行练习。教师可以说出词义,让学生说出该词语,可以用下面这种方法进行练习。

教师:妈妈的哥哥或弟弟。

学生:舅舅。

教师:顾不得睡觉,忘记了吃饭。

学生:废寝忘食。

(7) 利用词语的组合关系进行练习。这种方法常用来帮助学生记忆词的习惯搭配。例如以下几种方法。

动宾搭配:打篮球/排球/羽毛球,踢足球,参观博物馆,观看表演。

偏正组合:美丽的风景,先进的技术,聪明的学生,精彩的表演。

名词量词搭配:一朵花儿,一副眼镜,一条裤子,一台电脑。

进行这种练习时,教师可以先给出其中一部分让学生说另一部分,比如教师可以给出动词让学生说出尽量多的宾语;也可以给出宾语让学生说出尽量多的动词。

**3. 辨别性练习**

辨别性练习是指学生运用学过的词语知识,对教师所给的语言材料进行辨别、分析,最后做出判断或选择的练习。辨别性练习是考查学生是否真正掌握了所学过的词语知识的重要方式,其主要方法有以下三种。

(1) 辨析一个词的不同用法。学生可以在理解了某一个词的若干用法的基础上,对同一个词的不同用法进行辨析与分类。比如"通知(动词)—通知(名词)""白(形容词)—白(副词)"等。

(2) 选词填空。学生可以根据句子具体的语境和汉语词类的语法功能来选择最恰当的词语填空。练习的重点是近义词、形式上具有同一语素的词、汉语与相应的翻译在词的义项上有交叉和用法似同实异的词语等。

(3) 改错。教师给学生一组含有错误用词的句子，请学生改正。这种方法可以用来检验学生是否真正掌握了词的意义、用法及语法特点。

**4. 用法性练习**

用法性练习是指通过词的实际运用（比如用指定的词语提问、回答问题、造句、对话等）来帮助学生掌握词的用法的练习。常见的有下列方法。

(1) 模仿造句。学生用教师指定的词语模仿教师所给的例句做造句练习，这种练习的目的是使学生掌握词的用法。教师给出词语与例句，目的在于给学生的练习以提示与限制，让学生进行模仿练习。具体做法是：课前教师将指定的词语和例句写在小黑板上或用PPT展示出来，请学生做口头练习。例如下面这个题目。

模仿例句用"值得"与下列词组造句，例如：林佳美有很多优点，值得我们学习。

①衣服，质量好。

②办法，容易做。

③这本书，故事精彩。

④那个地方，风景漂亮。

(2) 用指定的词语回答问题。教师根据假设的情况或学生的真实情况提出问题，然后请学生用教师指定的词语或固定结构做出口头的回答。这种练习的目的在于让学生在句中体会词语的意思和用法，并培养他们准确运用词语来回答问题的能力。这种方法既可以有效地练习教师规定的词语与固定结构，又可使学生有一定的独立思考的余地，适用于初、中级水平的学生。例如下面几个问题设置。

①你什么时候回国？（打算）

②来武汉已经半年了，你对武汉的印象怎么样？（觉得）

③你爱听京剧吗？（兴趣）

(3) 用指定的词语提问并回答。教师可以请一个学生用指定的词语提问，另一个学生回答。这是一种训练学生设问和回答问题能力的练习，可以使学生进一步掌握词的用法。适用于初、中级水平的学生。例如下面这个题目。

请用下列指定的词语提两个问题并回答。

想　　　满意　　　来得及

有空　　　同意　　　出租汽车

## 第三节　词汇教学实践

### 一、自主学习

（1）阅读相关论著。

①黄伯荣、廖序东：《现代汉语（上）》，第三章"词汇"，高等教育出版社，2017年版。

②高燕：《对外汉语词汇学》，华东师范大学出版社，2008年版。

③黄均凤、程乐乐：《汉语作为第二语言教学法——理论、方法与案例》，武汉大学出版社，2017年版。

④孙德金：《对外汉语词汇及词汇教学研究》，商务印书馆，2006年版。

⑤李珠：《关于初级阶段综合课的词语教学》，《世界汉语教学》，1998年第3期。

（2）观看示范课《国际汉语课堂教学参考案例·初级综合课》（北京语言大学电子音像出版社，2016年）中的生词教学部分，熟悉词汇教学的具体流程。

（3）组织学生进入对外汉语课堂听课，记录词汇教学过程。

### 二、实践准备

经过课前的自主学习，学生对汉语词汇知识以及对外汉语词汇教学法有了一定的了解。课堂上，教师可以对相关知识与方法中的重点部分进行点拨式讲解，并针对学生在自主学习过程中遇到的问题进行集中答疑。

教师布置实践教学任务，组织学生分组备课。下面是《汉语教程》（第一册上）中的一篇课文与对应生词，请学生完成生词部分的备课与教学。

#### 北京比上海大吧

山本：田芳，上海怎么样？我想坐火车去上海旅行。

田芳：上海很好，这几年变化很大。今年暑假，我还在那儿玩了一个多月呢。我的一个同学家就在上海。

山本：上海比北京大吧？

田芳：不，上海没有北京大，不过人口比北京多。上海是中国人口最多的城市。这几年，上海增加了不少新建筑，比过去变得更漂亮了。

山本：上海的公园有北京的多吗？

田芳：上海的公园没有北京的多，也没有北京的公园那么大。

山本：上海的冬天是不是比北京暖和一点儿？

田芳:上海不一定比北京暖和。

山本:可是,我看天气预报,上海的气温比北京高得多。

田芳:是,上海的气温比北京高好几度,不过因为屋子里没有暖气,所以感觉还没有北京暖和。

山本:上海人家里没有暖气?

田芳:一般的家庭没有,不过旅馆和饭店里有。

| 序号 | 生词 | 词性 | 拼音 | 英文释义 |
|---|---|---|---|---|
| 1 | 变化 | 动、名 | biànhuà | to change;change |
| 2 | 暑假 | 名 | shǔjià | summer vacation |
| 3 | 还 | 副 | hái | also;as well;too;in addition;still;yet |
| 4 | 比 | 介 | bǐ | than;(superior or inferior)to |
| 5 | 人口 | 名 | rénkǒu | population |
| 6 | 最 | 副 | zuì | most;best;least;to the highest or lowest degree |
| 7 | 城市 | 名 | chéngshì | city |
| 8 | 增加 | 动 | zēngjiā | to increase |
| 9 | 建筑 | 动、名 | jiànzhù | to construct;architecture |
| 10 | 过去 | 名 | guòqù | past |
| 11 | 变 | 动 | biàn | to change;to become different |
| 12 | 更 | 副 | gèng | more;even more |
| 13 | 漂亮 | 形 | piàoliang | beautiful |
| 14 | 冬天 | 名 | dōngtiān | winter |
| 15 | 暖和 | 形 | nuǎnhuo | warm |
| 16 | 可是 | 连 | kěshì | but |
| 17 | 暖气 | 名 | nuǎnqì | heating(system) |
| 18 | 天气 | 名 | tiānqì | weather |
| 19 | 预报 | 动、名 | yùbào | to forecast;forecast |
| 20 | 气温 | 名 | qìwēn | temperature |
| 21 | 高 | 形 | gāo | tall;high |
| 22 | 度 | 量 | dù | degree |
| 23 | 屋子 | 名 | wūzi | room |
| 24 | 感觉 | 动、名 | gǎnjué | to feel;sense |
| 25 | 家庭 | 名 | jiātíng | family |
| 26 | 旅馆 | 名 | lǚguǎn | hotel |
| 27 | 饭店 | 名 | fàndiàn | hotel;restaurant |

要求:

(1)根据本课生词的特点对生词进行重新分组。

(2) 根据教师要求，选择其中一部分词语（某组）或选择其中的关键词进行备课与讲解。

(3) 学生分组备课，制作课件。

## 三、模拟教学

学生分组备课完成后，各组选出一个代表，在课堂上进行分组模拟教学展示，并记录课堂模拟教学过程。没有机会进行模拟教学的同学，可以采用说课的方式进行展示。

## 四、教学研讨

学生完成模拟教学展示后，教师可以引导学生对模拟教学进行讨论，讨论的焦点集中在以下几个方面。

(1) 确定的教学重点与难点是否准确？

(2) 教学环节与教学步骤安排是否得当？

(3) 使用的教学方法是否科学？

(4) 教学内容和教学时长是否匹配？

(5) 教学有什么优点？还存在哪些不足？

## 五、教学反思

学生可以根据师生评价回看录课视频，撰写教学反思。

【课后思考】

(1) 语言是不断发展变化的，相对来说，词汇系统是语言中变化较为明显的，时至今日，现代汉语词汇系统中还保存了一些古代汉语词汇，如恭候、在下、斧正、忝列。在教学中该如何处理这些古语词？

(2) 近义词辨析要注意哪些方面的问题？请通过辨析近义词"帮忙—帮助"予以说明。

(3) 词语教学方法有时具有一定的个人风格，请问有哪些因素会影响教师教学方法的使用？

# 第四章 语法与语法教学

## 第一节　语法知识

语法是语言组词造句的规则。大家从小在语言的环境中自然地学会了说话,习焉不察,但人们说话实则要遵守一定的规则,写文章同样也要遵守一定的规则。这种说话、写文章要遵守的规则就是语法。如果不按语法规则说话、写文章,别人就听不懂、看不懂。对以汉语为母语的人来说,学习汉语的语法知识,自觉掌握语法规则,可以更好地指导我们的语言实践,特别是对我们的写作有帮助。对于将汉语作为第二语言的学习者来说,掌握汉语语法规则,能够帮助他们更快更好地掌握汉语。

### 一、语法单位

语言中存在着大小不等的语言成分。为了语法研究的需要,我们根据这些语言成分的不同性质设立若干单位。语法研究中所使用的单位就叫"语法单位"。语法单位有大有小,最大的语法单位是句子,比句子小的依次是短语、词、语素,语素是最小的语法单位。

#### (一) 语素

语素是语言中最小的音义结合体,也是最小的语法单位。例如"我是外国留学生。"这句话里就包含"我""是""外""国""留""学""生"这七个语素,每个语素均既有声音又有意义,而且这种音义结合体不能再分割为更小的单位。比如语素"国",如果单纯从语音上说,还可以分析为更小的单位:声母 g,韵母 uo 与阳平声调ˊ,但是它们都不表示意义。因此,从音义结合的角度来看,"国"不能再被分割为更小的单位了,所以它是汉语中的一个语素。汉语中的语素绝大部分是单音节的,也有少数是双音节或多音节的,这些语素大多是外来音译语素,如咖啡、巧克力、阿司匹林等。语素的功能在于构词,是词的"建筑材料"。

## （二）词

词是语言中最小的能独立运用的语法单位。词都是由语素构成的。汉语中由一个语素构成的词叫作"单纯词"，由两个或两个以上的语素构成的词叫作"合成词"。语素与词的区别在于是否能够独立运用，比如"妹妹爱吃葡萄。"这个句子中，"妹妹""爱""吃""葡萄"都能够拿来回答问题，也可以直接组词成句，所以都是词。这个句子也包含了"妹""妹""爱""吃""葡萄"五个语素，"妹"是单音节语素，"葡萄"是双音节语素。"爱""吃"既是语素，又是词。

## （三）短语

短语是词和词按一定句法规则组合成的比词大的语法单位。通常我们说，句子是由短语组成的，其实如果一个句子不只包含两个词，比如说，一个句子包含四个词，那么，这四个词一般不是直接组成句子的，而是先构成短语，然后形成句子。如上面所举的"妹妹爱吃葡萄。"这个句子，是由"妹妹"和短语"爱吃葡萄"组成的，而"爱吃葡萄"又是由短语"爱吃"和词"葡萄"组成的。因此，短语是介于词和句子之间的语法单位，它也是句子的"建筑材料"。

## （四）句子

句子是语言中最大的语法单位。一般情况下，研究语法只研究到句子为止。句子通常是由一个短语加上一个句调形成的（有时也可以由一个词加上一个句调形成），表示相对完整的意思。一句话结束，有一个较大的停顿，书面上用句号"。"、问号"？"或感叹号"！"来表示。例如：

①妹妹爱吃葡萄。
②你喜欢吃葡萄吗？
③我们成功了！

有时，一个词也能形成一个句子。下面对话中的一问一答两个句子就都只由一个词形成。

问：（敲门声）谁？
答：我。

因此，就汉语来看，我们可以说：一个短语或一个词加上一定的句调就成了句子。

## 二、汉语词类

根据是否能够单独充当句子成分，我们可以把现代汉语中的词分为实词和虚词两大类。

（一）实词

实词是指可以单独充当句子成分的词，词义较为实在。实词包括名词、动词、形容词、数词、量词、代词、拟声词等七类。

**1. 名词**

从意义上看，名词是表示人或事物的词语。例如：

教师　老虎　松树　细胞　桌子　汽油　空气　星星

也可以表示抽象的事物。例如：

方法　经验　思想　友谊　风格　品德　文学　艺术

还可以指时间、处所、方位。例如：

表示时间的刚才、早上、今天、星期一、去年……

表示处所的武汉、北京、西单、车站、门口……

表示方位的下边、前头、后方、左、右、东、南……

我们可以将专门表示时间的名词称为"时间词"，将专门表示处所的名词称为"处所词"，将专门表示方位的名词称为"方位词"。

从语法功能上看，名词经常作主语、宾语，也常常带定语。汉语名词还有一个很重要的特点，那就是可以直接被另一个名词修饰，也可以直接修饰另一个名词，例如：

美国留学生　青岛啤酒　今日中国　艺术人生　啤酒质量

名词一般不能单独作谓语（作谓语有条件限制），不能作状语或补语，也不能带宾语或补语；名词不能受"不"或"很"的修饰。

**2. 动词**

动词是表示动作、行为、心理活动或存在、发展变化、消失等意义的词。例如：

表示动作行为的词：跑、笑、吃、听、参观、学习、研究等。

表示心理活动的词：爱、想、喜欢、担心、感动、希望等。

表示存在、变化、消失的词：在、有、开始、发展、变化、消失等。

表示判断的（判断动词）的词：是。

表示可能、意愿、必要（助动词）的词：能、会、可以、愿意、要、肯、应该等。

表示趋向（趋向动词）的词：上、去、进、下来、起来、回去等。

另外，动词中还存在一个小类：离合词，即两个语素之间可以插入别的成分的合成词，也就是说，离合词的两个语素可离可合。例如：

①握手（握了一次手）　　见面（见了两次面）　　游泳（游了一天泳）

　帮忙（帮了一个忙）　　鞠躬（鞠了一个躬）　　问好（问了一声好）

②看见（看得/不见）　　打断（打得/不断）　　提高（提得/不高）

出来(出得/不来)　　达到(达得/不到)　　分开(分得/不开)

第一类是支配式离合词,第二类是补充式离合词。

从语法功能上看,动词能作谓语、述语,后面能带宾语或补语,能受"不"的修饰。在一定条件下汉语里的动词也能作主语和宾语,例如：

游泳有好处　抽烟不好　喜欢游泳　禁止抽烟

有些动词能够重叠,比如单音节动词能按照AA(第二个音节读轻音)的形式重叠,如"看看""想想""听听""走走"等;双音节动词能按照ABAB的形式重叠,如"打扫打扫""考虑考虑""商量商量"等。支配式离合词重叠,应按照AAB的形式进行重叠,如"握握手""见见面""帮帮忙""问问好"等。在句子中,离合动词如果带宾语,则应使用"介词＋宾语＋离合词"格式,例如"跟他握手""向他鞠躬"等。有的可以将宾语放在离合词中间,如"帮他忙""问他好"等。

### 3. 形容词

从意义上看,形容词是表示性质、状态的词,还包括表示数量多少的词。例如：

表示性质：大、小、白、高、漂亮、勇敢、挺拔、干净。

表示状态：雪白、笔直、火热、冰凉、红彤彤、冰冰凉。

表数量多少：多、少、够、全、好多、许多。

从语法功能上看,形容词最大的特点是能受"很"的修饰,但受"很"修饰后就不能再直接修饰中心语。例如：

很干净　＊很干净衣服①　很干净的衣服

有一些表示心理活动的动词,如"喜欢""爱"等,也能受"很"修饰,但同时能带宾语。如：

很喜欢　很爱　很喜欢京剧　很爱他

有些形容词,如"团结""丰富""方便"等,能受"很"修饰(如"很团结""很丰富""很方便"),有时也能带宾语(如"团结多数人""丰富精神生活""方便顾客"),但不能同时既受"很"修饰又带宾语,比如我们不说"＊很团结群众""＊很丰富文娱生活"。像"团结""丰富"这些词,一般把它们看作形容词兼动词。

很多形容词可以按照AA、AABB的形式重叠,例如红红、白白、干干净净、漂漂亮亮,等等。重叠后强调度量,带上了"很"或"相当"的意思,因此,不能再受程度副词修饰。

形容词中有一类表示状态的词,如通红、雪白、红彤彤、白花花、黑咕隆咚、白不呲咧

---

① ＊表示不合语法,人们不说。后文同此,不再特别说明。

等,只修饰名词性成分,不能受"很"修饰,有人称之为"状态词"。还有一类词,表示事物的区别性特征,从语法功能上看,只能直接修饰名词,或加结构助词"的"形成"的"字结构。例如公、母、男、女、金、银、微型、私有等,只能运用为:公山羊、男厕所、金手镯、微型小说、私有财产、公的、母的、男的、女的,等等。人们一般把这种词称作"区别词"。状态词和区别词均不能重叠。

### 4. 数词

数词是表示数目和序列的词,如一、二、三、四、十、百、千、万、亿,和第一、第二等。前者叫作基数词,表示数目的多少;后者称为序数词,表示事物的排列次序。

汉语中最基本的基数词有:

一 二 两 三 四 五 六 七 八 九 十 零(〇) 半

十 百 千 万 亿

"〇"与"零"相同,但不能写成阿拉伯数字"0"。不管是整数(如"十四""四十")、分数(如"二分之一"),还是小数(如"三点一四一六"),汉语中所有的数目都由这些基数词构成,从"一"到"十"以及"百""千"还有大写形式,如下:

零 壹 贰 叁 肆 伍 陆 柒 捌 玖 拾 佰 仟

这几个数词的大写形式与简写形式同音同义,只不过大写形式一般用于票据和文件。

序数词大都带有"第",如上面所举的"第一""第二",也可以没有"第",在形式上跟一个表示整数的基数词一样。例如:

三年级(第三个年级)、初级三班(初级班第三个班)、五层楼(第五层楼)

六十六号(第六十六号)、公元二〇二二年(公元第二零二二年)

### 5. 量词

量词是表示人、事物或动作行为的计量单位的词。在汉语中,无论是说明事物的数量、行为动作的数量、时间的数量,还是说明事物的次序先后、行为动作的次序先后、时间的次序先后,一般都不能只用一个数词来表示,一定得用上一个量词。例如:

三本书(*三书)　　　　五个学生(*五学生)

去了三次(*去了三)　　玩儿了两回(*玩儿了两)

住了三年(*住了三)　　工作了三天(*工作了三)

汉语里的量词可以分为三个小类,具体如下。

(1) 名量词,表示事物的计量单位,如个、支、条、张、块、封等。

(2) 动量词,表示行为动作的计量单位,如次、下、遍、回、趟等。

(3) 时量词,表示时间的计量单位,如年、天、时、分、分钟、秒等。

从语法上看,量词的最大的特点是:它只能跟数词或指示代词"这""那",或疑问代词"哪"相结合。例如:

一个　这个　那个　哪个

三次　这次　那次　哪次

五天　这天　那天　哪天

### 6. 代词

代词是起到代替和指示作用的词。汉语代词按指代意义的不同可以分为人称代词、指示代词和疑问代词三个小类。

(1) 人称代词。

人称代词是用来代替指人名词的词。现代汉语里的人称代词主要有以下十七个。

我　　咱　　你(您)　　他(她、它)

我们　咱们　你们　　　他们(她们、它们)

人家　别人　大家　　　自己

人称代词中,"咱""咱们"跟"我们"虽然都表示第一人称,但存在一定的区别。用"咱"或"咱们"一定包括听话人在内,如"山本先生,咱(们)该走了。"句中"咱(们)"就既包括说话人在内,也包括山本先生在内。而"我们"可以不包括听话人在内,也可以包括听话人在内。例如:

①山本先生,我们该走了,过些日子再来看您。

②山本先生,我们该走了。来,您的行李我帮您拿着。

例①里的"我们"不包括听话人山本先生在内,而例②里的"我们"就包括听话人山本先生在内。

另外,"人家"可以指代第一人称,相当于"我",含有亲热或俏皮的意味。也可以指自己或某人以外的人,与"别人"相近。还可以指代某个人或某些人,与"他""他们"相近。例如:

①你自己去吧,人家身体不舒服,不想去嘛!("人家"相当于"我")

②人家都通过了,你为什么通过不了?("人家"相当于"别人")

③小张已经来了,别磨蹭了,等到人家催你就不好了。("人家"相当于"他")

(2) 指示代词。

汉语里的指示代词可以分"这"系和"那"系两组。

①"这"系:这,这儿,这里,这会儿,这些,这么,这样,这么样。

②"那"系:那,那儿,那里,那会儿,那些,那么,那样,那么样。

"这"系的指示代词表示近指,"那"系的指示代词表示远指。"这/那""这些/那些"

代名词(事物)。"这儿(里)""那儿(里)"代名词(处所)。"这样/那样""这么样/那么样"代谓词。"这么/那么"代副词。

(3) 疑问代词。

疑问代词主要是用来表示疑问,可以代名词(人与事物)、谓词、数词、副词。现代汉语里的疑问代词主要有以下几个。

谁　　什么　　哪　　　哪里　　哪儿　　多会儿
怎么　怎样　怎么样　几　　多少　　多

我们需要注意的是,疑问代词有时在句中并不表示疑问。例如:

①他什么都不吃。

②那个人好面熟啊,好像在哪儿见过。

③今天不怎么冷。

例①中的"什么"表示任指,含周遍意义,泛指吃的东西;例②中的"哪儿"表示虚指,相当于"某个地方"的意思;例③中的"怎么"表示一定程度。疑问代词的这种用法一般称为"疑问代词的非疑问用法"。

**7. 拟声词**

拟声词是描摹声音的词,也叫象声词。例如哑、嗡、啪啪、叮当、当啷啷、叮铃铃、哗啦啦、淅淅沥沥、叽里咕噜等。拟声词主要作状语、定语,也可以做谓语、独立语等。例如:

①汽轮呼哧呼哧地驶离了码头。(作状语)

②突然,轰隆隆的雷声响起来,紧接着,一道闪电划破了天空。(作定语)

③当老鹰沉默时,鹦鹉就开始叽叽喳喳了。(作谓语)

④滴答,滴答,钟表无情地响着。(作独立语)

**(二) 虚词**

**1. 副词**

副词是只能作状语的词,常用来修饰动词或形容词,表示程度、范围、时间、频率以及肯定或否定等意义。例如"已经",它在句子里只能作状语(如"已经上课了""已经放假了"),不能作别的句法成分。副词是只能作状语的虚词,所以一般对于副词我们多从其表示的语法意义上来加以分类。常提到的副词有以下几类。

(1) 表示程度,如很、挺、太、最、更、非常等,我们称之为"程度副词"。

(2) 表示范围,如都、全、只、仅、仅仅等,我们称之为"范围副词"。

(3) 表示时间,如正在、刚、就、才、马上、常常、曾经、已经、忽然、终于等,我们称之为"时间副词"。

(4) 表示否定,如不、没(有)、别、甭等,我们称之为"否定副词"。

(5) 表示重复、追加或频度,如重新、又、还、再、再三、屡屡等,我们称之为"频度副词"。

(6) 表示方式,如悄悄、亲自、一起、互相等,我们称之为"方式副词"。

(7) 表示语气,如却、偏、偏偏、难道、简直等,我们称之为"语气副词"。

但是,我们需要注意,有的副词,意思单一,只属于某一小类,如"不"只属于否定副词;"简直"只属于语气副词。而有的副词,则能表示多种意思,可以兼属几个不同的小类,如"还",能够表示程度,可以作程度副词,如"他比我还高"中的"还"就是程度副词;能够表示时间,可以作时间副词,如"你还没去?""已经八点了,他还在吃早饭"。

**2. 介词**

介词是起到介引、标记作用的词。例如:

把　被　从　对　对于　关于　跟　除
连　向　往　自　自从　在　　到　比

介词都不能单说,也不能单独作主语、谓语等句法成分,它后面总得跟上一个名词性成分,组成一个介词结构,例如"把书""被他""从北京""对你"等。介词结构本身不能单说,也不能作谓语,例如我们不能单独说"把我的书""我把书"等。介词结构在句中主要是作状语,例如:

①苏玛丽已经把房间打扫干净了。

②力波刚从北京来武汉。

有少数介词形成的介词结构带上"的"之后,可以作定语修饰名词。例如:

大家对期末考试的意见一共有十条。

**3. 连词**

连词是用来连接词、短语或句子的一类词。例如:

和　或　或者　还是　以及　并　并且　而
尽管　即使　哪怕　只要　只有　不论　不管　然而
可是　否则　况且　何况　如果　因此　由于　尽然

从连词所表示的逻辑关系看,连词可分为两小类。

第一类,表示联合关系的连词。其中有的表示并列关系,如和、跟、同、与、以及等;有的表示选择关系,如或、或者、还是、与其、宁可等;有的表示递进关系,如不但、不仅、并且、而且等。

第二类,表示主从关系的连词。其中有的表示因果关系,如因为、由于、所以、因此等;有的表示假设关系,如假如、如果、要是等;有的表示让步关系,如虽然、固然、尽然、固然等；有的表示让步假设关系，如即使、哪怕、就是；有的表示条件关系，如只有、只要、无论、不论、不管等；有的表示转折关系，如但是、可是、然而、不过等；有的表示推论关系，如既然、可见等。

### 4. 助词

助词是附在词或短语后面表示一定的结构关系或附加意义的一类词。助词可以分为动态助词、结构助词和数量助词（如来、等、等等、左右、上下等）三小类。

动态助词有"了₁、着、过"三个，它们主要用在动词之后。"了₁"表示动作的完成或实现；"着"表示动作或状态的持续；"过"表示有某种经历。例如：

①我吃了一个苹果。

②外面下着大雨。

③玛丽来过中国。

结构助词有的、地、得、所、似的几个。"的"和"地"，读音都是"de"（轻声）；它们附在修饰语后面标示前后成分之间是修饰关系；但二者有明确的分工：定语之后用"的"，状语之后用"地"，前者如"聪明的孩子"（不能写成"*聪明地孩子"），后者如"仔细地看"（不能写成"*仔细的看"）。"的"字还有一个用法，那就是附在实词性词语之后，组成一个可以指代事物的"的"字结构。例如"木头的"指用木头做的物品，"便宜的"指价格便宜的东西，"骑车的"指骑车的人。"的"字结构是名词性的，在用法上大致相当于一个名词。

"得"用在动词或形容词之后，引出表示可能、状态或程度的补语，例如：

①吃得完　　　　爬得上去　　　　　　（表示可能）

②洗得很干净　　笑得直不起腰来　　　（表示状态）

③好得很　　　　苦得不得了　　　　　（表示程度）

"所"加在及物动词前面，形成一个名词性的"所"字结构，如"所见所闻""所答非所问"。"所"字结构是古汉语遗留下来的，在现代汉语里，"所"字结构单独作主语或宾语的情况已很少见，更常见的是，"所"与"的"配合使用。例如：

①他没有去过那里，所说的只是从书本上得来的印象。

②大家把这次旅游过程中所见的、所听的记下来，回来后写成文章交给我。

"所"字结构多用于书面语，口语里很少用。

### 5. 语气词

语气词是用在句尾，表示某种语气的词，如啊、吗、吧、呢、了₂、罢了等。例如：

①秋天的西山多漂亮啊！

②你是外国留学生吗？

③咱们一起去吧!

上面三个例句中的"啊""吗""吧"就是语气词,它们在上面的句子里分别表示感叹语气、疑问语气和祈使语气。常用的语气词主要有啊、吗、吧、啦、呢、了₂、罢了等。

语气词"了₂"和助词"了₁"的字形、读音相同,但用法和意义都不同。语气词"了₂"只用在句尾,表示变化和肯定;助词"了₁"只用在句中,表示行为动作的完成或实现。例如"他吃了饭了",前一个"了"是助词"了₁",后一个"了"是语气词"了₂"。

### 6. 叹词

叹词是表示感叹、呼唤与应答的词。例如:

表示感叹:啊、噢、唉、哦、哼、呸、嗯、啊呀、哈哈……

表示呼唤:哎、嗨、喂……

表示应答:哎、嗯、唔……

叹词常做感叹语,也能独立成句。在句子里,通常位于句子的开始。例如:

①哈哈,谁能想到我们又能见面!

②嗨,早上好!下午一起去打球吧。

③哎,我知道了,回到了家就会给你回话。

## 三、常见短语

短语是词与词按照一定的句法规则组成的语法单位,也叫作词组,例如"学生学习""吃香蕉""红苹果""努力学习""爸爸和妈妈"等。词和词按照不同的语法规则能组合成不同类型的短语。现代汉语中有五种最常见、最基本的短语类型,即偏正短语、述宾短语、述补短语、主谓短语与联合短语。

### (一)偏正短语

这种短语由两部分组成,前一部分修饰、限制、说明后一部分;后一部分是被前一部分修饰、限制、说明的,是整个短语的核心。前一部分称为修饰语,后一部分称为中心语。例如"干净衣服"就是偏正短语,"干净"是来修饰、限制、说明"衣服"的,"衣服"是该短语的核心,其中的"干净"就是修饰语,"衣服"就是中心语。再如"刚来"也是偏正短语,副词"刚"是来修饰、限制、说明动词"来"的,"来"是该短语的核心,其中"刚"是修饰语,"来"是中心语。偏正短语,按照它的语法性质可以分为"定中式偏正短语"和"状中式偏正短语"两大类。

(1)定中式偏正短语,在语法功能上大致相当于名词。例如:

大红花　　　　　　汉语世界

木头桌子　　　　　塑料薄膜

学校的房子　　　　我的书

| | |
|---|---|
| 红红的脸 | 绿油油的草地 |
| 三本书 | 两位老师 |
| 北京气候 | 今天的报纸 |

定中式偏正短语中,定语和中心语之间常用"的"连接,特别是结构较为复杂的时候,如:明明白白的道理,那件刚买回来的衣服。如果定语是数量词或指量结构,那么定语和中心语之间不能加"的",例如:一件衣服,那位老师。

(2) 状中式偏正短语,在语法功能上大致相当于动词、形容词或状态词。例如:

| | |
|---|---|
| 刻苦学习 | 仔细地听讲 |
| 慢慢走着 | 轻轻地敲了一下 |
| 已经走了 | 正在吃饭 |
| 向他学习 | 按他的意见办 |
| 非常努力 | 格外地热心 |
| 总是干干净净的 | 一直老实巴交的 |
| 忽然电话铃响了 | 干脆你去 |

为了区别起见,一般将名词性偏正短语里的修饰语称为"定语",将动词、形容词或状态词性的偏正短语里的修饰语称为"状语"。定语常常可以带"的",如"白衬衣—白的衬衣""木头桌子—木头的桌子";而状语常常可以带"地",如"刻苦学习—刻苦地学习""非常努力—非常地努力"。但是,如果状语由副词、介词短语充当,则一般不能加"地"。

### (二) 述宾短语

述宾短语也是由两部分组成,前一部分通常由动词性词语充当,表示某种行为动作,一般称之为述语,是整个短语的核心;后一部分常见的是由名词性词语充当,也可以由动词、形容词性词语充当,它是受前一部分影响、支配的对象,称之为宾语。述语和宾语之间是一种支配关系。例如:

| | | | |
|---|---|---|---|
| ①吃米饭 | 写了篇文章 | 研究过哲学 | 增进友谊 |
| ②去北京 | 逛公园 | 来过一个人 | 洗凉水 |
| ③看打球 | 学过游泳 | 打算回去 | 值得考虑 |
| ④爱干净 | 怕冷清 | 觉得不舒服 | 以为很好 |
| ⑤听说他回来了 | 知道她已经走了 | 希望他来 | 以为他来了 |

例①~⑤都是述宾短语,作述语的都是动词性词语。就宾语看,例①、②作宾语的是名词性词语;例③是动词性词语;例④是形容词性词语;例⑤是主谓短语。

### (三) 述补短语

述补短语也由两部分组成,前一部分是述语,只能由动词或形容词充当,是整个短

语的核心;后一部分是补语,通常由动词、形容词性词语或状态词性词语充当。前后是补充关系。例如:

| | | | |
|---|---|---|---|
| 洗干净 | 煮熟 | 看懂 | 写完 |
| 走进来 | 跑过去 | 拿来 | 踢过来 |
| 洗得干净 | 洗不干净 | 走得进来 | 走不进来 |
| 学得很认真 | 洗得干干净净 | 白得像雪 | 干净得一点灰尘都没有 |
| 好极了 | 乐坏了 | 香死了 | 热得很　冷得不得了 |

有的述补短语的述语带有"得",如"洗得干净""走得进来""学得很认真""冷得不得了"等;有的不带"得",但也可以插入"得",例如:洗干净—洗得干净。插入"得"后,短语还是述补短语,只是意思发生了变化,"洗干净"表示"动词+结果",而"洗得干净"是"动词+状态/可能"。

### (四)主谓短语

主谓短语由主语和谓语两部分组成,主语在前,谓语在后,主语是陈述的对象,谓语是对主语所提出的对象加以陈述,或说明主语干什么,或说明主语怎么样,或说明主语是谁、是什么。例如:

| | | | |
|---|---|---|---|
| ①他去 | 我喝 | 你出去 | |
| ②那鞋好看 | 心情舒畅 | 环境优美 | |
| ③他的脸通红 | 眼睛大大的 | 个儿高高的 | |
| ④张三是学生 | 我是会计师 | 这是茄子 | 那是韭菜 |

以上均为主谓短语,只是作谓语的成分有所不同。例①是动词,例②是形容词,例③是状态词,例④是由动词"是"带上名词的述宾短语。

### (五)联合短语

联合短语由并列在一起的几个成分组成,具有三个特点:第一,各组成成分之间没有主次之分,彼此地位平等;第二,各组成成分的词性一般相同;第三,组成成分可以不止两项。例如:

| | | | |
|---|---|---|---|
| 爸爸和妈妈 | 长江、黄河、淮河 | 真的、善的、美的 | (名词性联合短语) |
| 研究讨论 | 唱歌跳舞喝酒 | 听说读写 | (动词性联合短语) |
| 又高又大 | 干净、整齐、明亮 | 真善美 | (形容词性联合短语) |

联合短语各成分之间,有时候没有语音停顿,有时候有语音停顿,书面上一般用顿号(、)表示,如上面举的"长江、黄河、淮河"。联合短语各成分之间往往可以用一些关联词语,如"和"(爸爸和妈妈)、"并"(研究并决定)、"又"(又好又便宜)、"或"(今天或明天)、"还是"(喝咖啡还是喝茶)等。

从各成分之间的意义关系看,联合短语可以表示三种关系。

(1) 表示并列关系。如:"爸爸和妈妈""研究讨论""真的、善的、美的"等。

(2) 表示选择关系。如:"今天或明天""棉的或者毛的""米饭还是面条"等。

(3) 表示递进关系。如:"妈妈甚至奶奶(都同意)""研究并决定""多而好"等。

从语法上看,联合短语可以是名词性联合短语,如"爸爸和妈妈""长江、黄河、淮河""真的、善的、美的"等;也可以是动词性或形容词性的联合短语,如"研究讨论""唱歌跳舞""又高又大""真善美""多而好"等。

汉语短语的结构类型,除了上面分析的五种以外,还有一些特殊的结构类型,例如:连谓短语(骑车上学)、兼语短语(请老师参加)、介宾短语(从武汉出发、把衣服洗干净等)、"的"字短语(开车的、坐在第一排的、熟透的等)。

### 四、离合词

汉语中有些动词,语素间的结合不太紧密,中间可以插入其他成分,能扩展。两个语素合在一起的时候,是一个词,具有单一的意义;分离扩展的时候,是短语。我们把这样的词叫作离合词,例如:洗澡—洗了一个澡,达到—达得到,进去—进不去。离合词是汉语词汇中一类特殊的词,主要有三类:述宾式离合词,动结式离合词与动趋式离合词。

(1) 述宾式离合词的前后两个语素之间是支配与被支配的关系,如帮忙、点头、放假、干杯、见面、结婚、握手、看病、睡觉、洗澡、理发、说话等。两个构成语素的中间可插入宾语(宾语后面还可以带"的")、动态助词(着、了、过)、动量补语(如"次")和时量补语(如"一个小时、三天")等。述宾式离合词可以按照 AAB、A 了 AB 的方式重叠。例如:

①他经常帮我的忙。

②他点了一下头,表示同意。

③我想放了假就去旅行。

④来,我们一起干一杯。

⑤来中国以后,我们只见过一次面。

⑥结了婚以后,她就不工作了。

⑦病人看完病就去取药了。

⑧她又见到了那个曾经让自己着迷的男人,不过这次只是冲他点了点头。

(2) 动结式离合词的第二个语素是第一个动词语素的结果。如打开、看见、离开、完成等。动结式离合词不能重叠,两个构成语素之间可以加入"得/不"。例如:

①你的文件我打不开,你能再给我发一下吗?

②黑板上的字很小,我们都看不见。

③放心吧,孩子这么大,离得开妈妈了。

④我们完不成这个任务。

(3) 动趋式离合词的第二个语素是第一个动词表示动作行为的方向。如出来、下去、起来、进去等。动趋式离合词不能重叠。两个构成语素之间可以加入"得/不",例如:

①你进去了还出得来吗?

②今晚不要熬夜,要不明早又起不来了。

③门太小了,大人进不去。

④这座桥很宽,十个人并排走都能过得去。

## 五、句子成分——补语[①]

在句子中,词与词之间有一定的组合关系,按照不同的关系,可以把句子分为不同的组成成分。句子的组成成分叫句子成分,也叫句法成分。句子成分由词或短语充当。现代汉语里句子成分一般有六种,即主语、谓语、宾语、定语、状语、补语。和印欧语相比,汉语中的补语是最有特点的,对学习汉语的外国留学生来说也是一个难点。

现代汉语中,动词或形容词的后面带上补充性说明成分便构成述补短语,前面的动词或形容词可以统称为述语,补语就是在述语后边起补充作用的成分,表示"怎么样""多少次""多长时间"等意思。汉语的补语主要有六种:结果补语、趋向补语、状态补语、数量补语、可能补语和程度补语。

(一) 结果补语

结果补语表示因动作或行为而导致的结果,主要有两种结构。

(1) 第一种的结构是:动词+错/懂/干净/好/会/清楚/完,动词后面的成分就是结果补语。例如:

①你写错了两个汉字。

②这个句子我没看懂。

③衣服我洗干净了。

④这道题你学会了没有?

⑤你听清楚老师的话了吗?

(2) 第二种的结构是:动词+到/住/走,动词后面的成分表示动词的结果。例如:

①他终于买到火车票了。

②我把球传给他,可是他没接住。

---

[①] 教育部中外语言交流合作中心:《国际中文教育中文水平等级标准》,北京语言大学出版社,2021年版。

③那本书他拿走了吗?

### (二)趋向补语

趋向补语表示事物随动作而移动的方向,包括简单趋向补语、复合趋向补语以及趋向补语的引申用法三种情况。

(1)简单趋向补语的趋向意义用法的结构是:动词＋来/去/上/下/进/出/起/过/回/开。例如:

①你看,他向这边走来了。

②今天我给姐姐寄去了一件圣诞节礼物。

③你爬上十九楼了没有?

④爸爸从车上拿下电脑,放回房间。

⑤车开进学校了,我们快过去吧。

⑥你打开包给我看看。

(2)复合趋向补语的趋向意义用法的结构是:动词＋出来/出去/过来/过去/回来/回去/进来/进去/起来/上来/上去/下来/下去。例如:

①他从书包里拿了一本书出来。(宾语表示事物,那么宾语可以放在"来/去"之前,也可以放在"来/去"之后。因此,也可以说"拿出一本书来""拿出来一本书")

②汽车开过来了,咱们准备上车。

③我昨天买回来了一些水果。

④外边的桌子你搬进来了没有?

⑤你的电脑拿上来了没有?

⑥他突然跑上二楼去了。(宾语表示处所,那么宾语要放在"来/去"之前)

(3)趋向补语的引申用法的结构是:动词/形容词＋上/出/起/下/起来/下去/下来/过来。例如:

①请同学们离开教室时关上窗户。(表示结果意义)

②这孩子又玩儿上游戏了。(表示动作行为的开始)

③他大声地哭起来了。(表示动作行为的开始)

④别紧张,你说下去。(表示动作行为的持续)

⑤老师一进教室,同学们很快安静下来。(表示状态意义)

⑥经过医生的抢救,病人终于醒过来了。(表示状态意义)

### (三)状态补语

表示由于动作、性状而呈现出来的状态,即状态补语是对动作或性状进行的一种描述。在实际运用中,状态补语有两种主要的结构。

(1) 动词＋得＋形容词性词语。例如：

①她跑得很快。

②我们玩儿得很高兴。

(2) 动词/形容词＋得＋短语。例如：

①他难过得吃不下饭。

②我早上没吃饭，饿得肚子疼。

③第一次看到雪，我激动得又哭又笑。

### （四）数量补语

数量补语是指由表动量或时量的数量短语充当的补语，表示动作发生的次数、持续的时间或者多出的数量。具体有四种情况。

(1) 动量短语充当动词的补语，即动词＋动量补语，例如：

①我去过一次。

②我们休息一会儿。

当句子中同时出现宾语和动量补语时，如果宾语是代词，则宾语要放在动量补语之前；如果宾语是事物名词，则宾语一般放在动量补语之后；如果宾语是处所名词，则宾语可以放在动量补语之前，也可以放在动量补语之后。例如：

①我找了他两次。

②他读了三遍课文。

③我来过中国一次。

④我去过两次上海。

(2) 数量短语充当形容词的补语，即形容词＋数量补语，例如：

①我比弟弟大两岁。

②昨天很热，今天凉快一点儿。

③她的中文比我流利一些。

(3) 时量短语充当补语，表示动作持续的时间，即动词＋时量补语。例如：

①我学中文学了两年。（也可以说"我学了两年中文"）

②我等他等了半个多小时。（也可以说"我等了他半个多小时"）

③他游泳游了四十分钟。（也可以说"他游了四十分钟的泳"）

(4) 时量短语充当补语，表示动作结束后到某个时间点的间隔时间，即动词＋时量补语。例如：

①他们来中国两个月了。（他们来到中国的时间距离说话时间是两个月）

②我父母结婚二十年了。（父母结婚那天距离说话时间是二十年）

## （五）可能补语

表示动作有无可能进行或实现。一般来说，带结果补语的述补短语和带趋向补语的述补短语中间加"得"或"不"，就构成了带可能补语的述补短语。加"得"是肯定形式，加"不"是否定形式。

（1）动词＋得/不＋动词/形容词，或者动词＋得/不＋了。例如：

①汉语学了一个学期了，老师的话我都听得懂。

②这件衣服太脏了，洗不干净了，扔了吧。

③明天的比赛你参加得了吗？

④我病了，明天上不了课，你帮我向老师请个假吧。

（2）动词＋得/不得。例如：

①这种药吃得还是吃不得，得听医生的。

②这些东西你可拿不得，很危险的。

③这种没有原则的话可说不得。

## （六）程度补语

程度补语一般用"极、很、不得了、厉害、透、慌、死、坏"等表示达到极点或很高程度，也可以用量词短语"一些""一点"表示很轻的程度。中心语主要是性质形容词，也可以用某些能加"很"的心理动词。程度补语本身没有否定形式。

（1）形容词/心理动词＋得很/极了/死了。例如：

①我累得很。

②这个游戏孩子们喜欢极了。

③为了迎接明天的检查，我们今天都忙死了。

（2）形容词/心理动词＋得＋不得了/慌/厉害。例如：

①爸爸答应去公园，儿子开心得不得了。

②我只是累得慌，没有生病，休息休息就好了。

③听说要打针，弟弟害怕得厉害。

（3）动词/形容词＋坏/透＋了。例如：

①这么晚了孩子还没回家，妈妈担心坏了。

②男朋友跟她分手伤透了她的心。

③山上的野柿子已经熟透了。

### 六、特殊句式[1]

汉语中还有一些形式上较为独特的句式,例如:"是"字句,"把"字句,"是……的"句,名词谓语句,双宾语句,连谓句,兼语句,主谓谓语句,存现句等。根据对比分析理论,这些句式在对外汉语教学中均应作为重点语法项目来教。

#### (一)"是"字句

由判断动词"是"充当谓语的句子叫作"是"字句。"是"有时既有判断意义又有存在意义。它的基本结构形式是:A(不)是 B,疑问句形式是:A 是 B 吗?/A 是不是 B? 例如:

①他是我的中文老师。(表示判断)

②这不是他的听力书。(表示判断)

③牡丹花是红的吗?(表示判断)

④衣服是不是干净的?(表示判断)

⑤车站东边是一个学校。(表示存在)

⑥教学楼西边不是图书馆。(表示存在)

#### (二)"有"字句

"有"字句有六种语义类型:领有、存在、达到、比较、存在或具有、附着。

(1) 表示领有,即表示某人或某单位有什么东西或人。例如:

①我有很多书。

②他没有哥哥。

③一个星期有七天。

(2) 表示存在,即表示某处存在某人或某物,结构形式是:方位+有+表人或事物的词语。例如:

①房间里有两张桌子。

②冰箱里没有肉。

表示存在的"有"字句与表示存在的"是"字句略有不同,后者同时含有"存在"和"判断"。如"车站东边是一所学校"就含有"车站东边有一个建筑""这个建筑是一所学校"两层含义。

(3) 表示达到,往往含有评价的意味。例如:

①马力克的哥哥有一米八高。

②看上去,阮玄梅的爸爸有五十多岁。

---

[1] 教育部中外语言交流合作中心:《国际中文教育中文水平等级标准》,北京语言大学出版社,2021年版。

(4) 表示比较,结构形式是:A 有 B(这么/那么)＋形容词/心理动词,常用于否定句和疑问句。例如:

①冬天巴黎有北京这么冷吗?

②我没有哥哥那么喜欢看小说。

(5) 表示存在或具有,结构形式是:主语＋有着＋宾语。例如:

①两个国家之间有着长期的友好关系。

②他们之间有着很深的误会。

(6) 表示附着,结构形式是:主语＋动词＋有＋宾语。例如:

①书上写有他的名字。

②门上刻有漂亮的图案。

③发票上列有商品的名称。

这类句子中,"有"表示存在,而它前面的"动词"则表示存在的原因或方式。

(三) 比较句

比较句是用来比较不同人或事物在性状、程度上的差别,谓语中含有比较词语或比较格式的句子。汉语中常见的比较句有以下几种类型。

(1) A 跟 B(不)一样。该类型的比较句表示 A 与 B 一样或不一样,或者在某方面一样或不一样。例如:

①我的爱好跟姐姐一样。

②哥哥的手机跟我的不一样。

③姐姐跟妹妹一样可爱。

④哥哥和弟弟不一样高。

⑤我跟她一样,都是越南留学生。

(2) A 比 B＋形容词。表示 A 跟 B 所具有的性质、特征、状态等进行比较时 A 要好一些。形容词的前面可以使用副词"还""更",但是不能使用"很""非常"等程度副词。它的否定形式是"A 没有 B＋形容词"。在否定式中,B 往往是一个比较理想的、好的对象。例如:

①我朋友比我高。

②这个手机比那个更贵。

③昨天没有今天热。

④这个书包没有那个好看。

(3) A 有 B(这么/那么)＋形容词。该比较句参见"有"字句第四种句型。

(4) A 不比 B＋形容词。该比较句表示 A 跟 B 在某个方面差不多一样。例如:

①我姐姐不比我高。(意思是我姐姐跟我差不多一样高)

②这个笔记本不比那个大。(意思是这个笔记本跟那个笔记本差不多一样大)

注意:该句式不是"A 比 B+形容词"的否定形式。

汉语中还有一些比较句的变体,如:A 比 B+动词+得+形容词(我比他跑得快),A+动词+得+比 B+形容词(我跑得比他快),A 比 B+多/少/早/晚+动词+数量短语(我比他多吃了一个饺子),跟 B 相比,A……(跟上次考试相比,这次没有那么难),A+形容词+B+数量补语(我高他两厘米)等。

### (四) 名词谓语句

名词谓语句是谓语由名词或名词性短语充当的句子。一般情况下,现代汉语中名词性词语不能充当谓语,但是当我们要说明天气、时间、节日、节气、姓名、年龄、籍贯、职称、方位、处所、容貌、性状等情况时,名词性词语可以单独作谓语,主要用于口语中的肯定句中。例如:

①明天阴天。(说明天气)

②黄老师河南人。(说明籍贯)

③现在八点二十分。(说明时间)

④一件衬衣一百五。(说明价格)

⑤苏玛丽黄头发。(说明容貌)

### (五) 主谓谓语句

主谓谓语句是主谓短语作谓语的句子,主谓谓语句的格式是:主语+谓语(主谓短语)。例如:

①奶奶身体非常好。

②这件衣服颜色很好看。

③那本书我没看过。

④这电影我看了三遍了。

### (六) 非主谓谓语句

从构造上说,句子一般可以分为主谓句和非主谓句两类。具备主语和谓语两部分的句子叫主谓句,如上面(一)至(五)中举的例子都是主谓谓语句。但是句子不一定总是由主谓短语构成,不一定总是包含主语和谓语,分不出主语和谓语的单句就叫非主谓句。例如:

①下雨了。

②出太阳了。

③别说话!

④车!

## （七）连动句

两个或两个以上动词性词语连用而互不做成分的短语叫连动短语,其中两个动词性词语连用形成的连动短语最为常见。由连动短语作谓语的句子叫连动句。连动句谓语的两个动词性词语虽然互不做成分,但在语义上有时间上的先和后、目的和方式、原因和结果的关系。例如:

①我们吃完饭去图书馆吧。（表示前后动作先后发生）

②艾伦明天坐飞机去北京。（前一动作是后一动作的方式）

③我来中国学习中文。（后一动作是前一动作的目的）

④李老师生病住院了。（前后两个动词性词语具有因果关系）

⑤这本书她借了没看。（前后两个动词性词语具有转折关系）

## （八）"是……的"句

该句子由"是……的"前后呼应构成,用来强调与动作相关的某个成分。

（1）用来强调时间、地点、方式、动作者。例如:

①我是昨天到北京的。

②他是在网上买的手机。

③我们是坐飞机来的。

④这件事是老师告诉我的。

（2）用来强调说话人的看法或态度。例如:

①这个问题是可以解决的。

②这其中的道理是很简单的。

③那样的事情是绝对不会发生的。

## （九）双宾语句

有的动词后面可以带两个宾语,通常一个指人,一个指事物,这就是双宾语,动词带上双宾语构成的句子就是双宾语句。双宾语句有两种结构形式。

（1）主语＋动词＋宾语$_1$＋宾语$_2$。例如:

①我给妹妹一本书。

②爸爸送我一辆汽车。

（2）主语＋动词＋给＋宾语$_1$＋宾语$_2$。例如:

①山姆借给艾伦一千块钱。

②力波送给他女朋友一部手机。

指人的宾语（如"妹妹""我""艾伦""他女朋友"）靠近动词,一般称为"近宾语",也称为"间接宾语";指事物的宾语(如"一本书""一辆汽车""一千块钱""一部手机")离动词远一点儿,在间接宾语的后面,所以一般称为"远宾语",也称为"直接宾语"。

（十）兼语句

由一个动宾短语套接一个主谓短语构成的短语叫兼语短语,由兼语短语充当谓语的句子就叫兼语句。兼语句主要有三种类型。

（1）表使令义时的句子结构是：主语＋叫/派/请/让……＋宾语$_1$＋动词＋宾语$_2$。例如：

①公司派我来中国学习中文。

②老师请我们去他家玩儿。

③妈妈让我早点儿回国。

（2）表爱憎义时的句子结构是：主语＋表扬/批评＋宾语$_1$＋动词＋宾语$_2$。例如：

①老师表扬他帮助同学。

②妈妈总是批评我不整理房间。

（3）表称谓或认定义时的句子结构是：主语＋叫/称(呼)/说/收/选＋宾语$_1$＋做/为/当/是＋宾语$_2$。例如：

①大家都称他为先生。

②老师们都说她是好学生。

③王教授收我做研究生。

④同学们都选他当班长。

（4）表致使义时的句子结构是：主语＋叫/令/使/让＋人称代词＋动词短语。例如：

①妈妈叫我早点儿起床。

②这件事令她吃不下饭。

③他的做法使大家再也不敢相信他了。

④明天的考试让我睡不着觉。

（十一）"把"字句

"把"字句是指在谓语中心词前用介词"把"或"将"组成介词短语作状语的主谓句,其结构可以表示为：主语＋把＋宾语＋动词＋其他成分。"把"字句具有处置义和致使义两种情况。

（1）表示处置义。例如：

①老师把书放在桌子上了。

②孩子们把手洗得干干净净的。

③同学们再把试卷检查检查,确认无误后交上来。

④他把洗好的衣服拿回来了。

⑤弟弟总是把东西到处乱扔。

（2）表示致使义。例如：

①这双新鞋把脚磨破了。

②外面的声音把我吵醒了。

③他讲了个笑话，把大伙儿笑得肚子疼。

## （十二）"被"字句

"被"字句是指在核心动词前面，用介词"被（给、叫、让）"引出事实或单用"被"字表示被动的主谓句，基本结构形式是：主语＋被＋宾语＋动词＋其他成分。如果用"被"，其后的宾语可以省略。例如：

①那个手机早被（我）用坏了。

②我的词典叫弟弟弄脏了。

③他完全让那位姑娘迷住了。

口语中，还可以在句中的谓语动词前加一个"给"字，例如：

①花瓶被她不小心给摔碎了。

②自行车叫小偷儿给偷走了。

③这件事差点儿让我给忘了。

如果句中使用了助动词或否定副词，助动词和否定副词都不能紧挨着动词，而得放在介词"被"之前。例如：

①词典可能让她同桌拿走了。

②刘阳的钱包没有被偷走。

## （十三）存现句

表示事物存在、出现、消失的句式叫存现句。存现句的结构式形式是：处所词＋动词＋名词。从语义看，存现句的宾语大多表示不确定的人或事物。

### 1. 表示存在

结构形式是：处所＋动词＋着＋数量短语＋名词。例如：

①桌子上放着一本词典。

②教室门口站着一位身材高大的老师。

③桌子上放着书、笔和本子。

### 2. 表示出现

结构形式是：处所词＋动词＋趋向补语/结果补语＋动态助词（了）＋数量短语＋人/物。例如：

①前边开来一辆车。

②我家昨天来了几位客人,带来了不少礼物。

③办公室里走出来一位老师。

④那个打鱼人从河里捞到了很多文物。

**3. 表示消失**

结构形式是:处所词+动词+结果补语+动态助词(了)+数量短语+人/物。例如:

①我们班里转走了一个学生。

②阳台上吹跑了一条裙子。

③咱们公司调走了几名员工。

# 第二节　语法教学

语法是语言中组词造句的规则,与语音、词汇一起共同构成语言的三大组成部分。无论是学习第一语言还是第二语言,都必须掌握一定量的语法规则才能进行交际。我们进行对外汉语的语法教学,就是为了使学生在学习汉语语音词汇的同时,尽快掌握汉语的语法规则,以用来连词成句、联句成篇,从而达到使用汉语进行交际的目的。

## 一、语法教学的内容

### (一)大纲中关于语法教学内容的规定

《高等学校外国留学生汉语教学大纲(长期进修)》针对来华留学长期进修生制定了相应的汉语语法教学大纲,大纲从教的角度对不同阶段的汉语语法教学内容进行规定。

(1)初等阶段:通过初等阶段四级里听、说、读、写等语言技能的训练,使学生掌握185项初等阶段的语法点、初步掌握汉语的基本语法结构。

(2)中等阶段:通过中等阶段四级里各项语言技能的训练,使学生掌握80个左右中等阶段的语法项(点);具有一般性的听、说、读、写、译能力。

(3)高等阶段:通过高等阶段两级里听、说、读、写、译等语言技能的训练,让学生学习100个左右的高等阶段的语法项(点)、有成篇的语言表达能力、能较为准确得体地用汉语表达自己的思想感情。[①]

《国际中文教育中文水平等级标准》面向所有的外国中文学习者,对他们应该掌握

---

[①] 国家对外汉语教学领导小组办公室:《高等学校外国留学生汉语教学大纲(长期进修)》,北京语言大学出版社,2002年版。

的语法知识做了量化规定,具体规定如下。

(1) 初等:能够基本理解简单的语言材料,能进行有效的社会交际。能用常用句型组织简短的语段完成简单的交际任务。应掌握语法点 210 个。

(2) 中等:能够理解多种主题的一般语言材料,能较为流畅地进行社会交际。完成中级阶段的学习,应掌握语法点 424 个。

(3) 高等:能够理解多种主题和体裁的复杂语言材料,能进行深入的交流和讨论。能够就社会生活、学术研究等领域的复杂话题进行规范得体的社会交际,逻辑清晰,结构严谨,篇章组织连贯合理。完成高级阶段的学习,应掌握语法点 572 个。[①]

### (二) 语法教学的内容

本章第一节对汉语语法知识的主要内容进行了介绍,但这只是对外汉语教师须具备的最基本的汉语语法知识,是对外汉语教师的基础语法知识储备。真正作为汉语语法教学的内容主要包括以下几个方面。[②]

(1) 词的构成(语素和语素构成词)规则。

(2) 词类划分。

(3) 词和词构成词组的规则。

(4) 词和词、词和词组、词组和词组构成句子的规则。

另外,汉语中各种类型的句子同样是教学的重点。

## 二、语法教学的原则

要真正搞好汉语语法教学,需要注意的问题很多,下面三个方面是需要特别重视的问题。

### (一) 形式、意义与用法相结合的原则

语法单位都是形式和意义相结合的实体,形式主要指语法单位的结构特点,意义是指语法单位表达的内容或者语法意义。形式与意义相结合的语法单位进入句子后会表现出很多特点,这就是它的用法。比如动词"帮忙"的形式、意义与用法。

形式:动宾式离合词。

意义:帮助别人做事。

用法:帮帮忙,帮了一个忙,帮他的忙。

再例如简单的"比"字句的结构是 A 比 B+形容词,它的形式、意义与用法分别

---

[①] 教育部中外语言交流合作中心:《国际中文教育中文水平等级标准》,北京语言大学出版社,2021年版。

[②] 周小兵:《对外汉语教学入门》,中山大学出版社,2009年第2版,第281页。

如下。

形式：A 比 B+（更/还）性质形容词，A 和 B 是比较的双方，作为谓语的形容词是比较的结果。

意义：A 和 B 两个事物在性质、数量、程度方面存在差别。

用法：其一，作为谓语的形容词前面不能使用程度副词"很""非常"等词语，但是可以使用"还""更"；其二，否定形式是 A 没有 B+形容词，正反疑问句形式是 A 有没有 B+形容词+？。

### （二）精讲多练的原则

"精讲多练"不仅是语法教学的原则，也是整个对外汉语教学的基本原则。

语言教学必须贯彻精讲多练的原则，语法教学也不例外。"精讲"是教师精讲，"多练"是学生多练。

"精讲"包括两个方面的含义：一是内容要精，教师要突出关键的、精华的、实质性的内容；二是方法要精，指的是教师要用最少的语言、最简单的方法把该讲的内容讲深、讲透、讲清楚、讲明白，讲解要直观明了，不要使用过多的语法术语。教师可以运用演绎法、归纳法、比较法，并辅以图片、电教等直观手段，把学习者的注意力和思路直接引向定义、内涵、规则或结论上去，不能填鸭式地灌输知识。

"多练"，是课堂上给足学生时间进行操练，让学生多动口、多动手，教师只做点拨式讲解。对外汉语教学的目的在于培养学习者运用汉语进行交际的能力，因此，语法教学不是单纯地教学生语法知识，更应该让学生能够运用语法知识进行交际。

### （三）分散难点的原则

"分散难点"包含两个意思，一是将复杂的语法项分为多个语法点，分散安排到几课中进行教学。例如"把"字句是一个教学重点和难点，我们可以将"把"字句分成下面三种情况。

(1) 使某事物发生位移或改变状态，如：我把衣服放在柜子里。

(2) 表达请求、命令和愿望，如：请把你的护照给我看看。

(3) 表达动作行为的目的，如：我已经把作业做完了。

然后根据其他因素把这三个"把"字句安排进不同的课里进行分散教学。

二是在同一节课中，尽量不要既安排语音难点、汉字难点，又安排较多的语法难点，这样学生会贪多嚼不烂，应该将难点分散，比如可以减少难点，或者降低学习要求，或者将语法内容中的一部分调整到课后由学生自学，下次上课时老师再通过练习检查学生是否掌握。

## 三、语法教学的步骤与方法

"语法讲解"是"学习新课"环节中的一项重要内容。语法讲解的一般步骤是导入、讲解、操练和归纳总结。

### （一）语法点导入的方法

导入的目的是通过情境帮助学生理解所学语言点的意思，教师在设计导入时需要考虑导入的方式。语法点的导入有多种方式，比如以旧带新法、问题导入法，和利用实物、动作和图片等设置情境导入法。

以旧带新法，即通过复习已经学过语法点引出新的语法点；问题导入法，则是通过层层提问引导出含有新语法点的目标句（如：语法"动词＋过"）；通过动作（如趋向补语的导入）、实物、图片创造情境导入等。

**1. 图片导入**

以语言点"越来越＋形容词/心理动词"为例，具体方法是：先展示三张武汉天气的图片，上面分别标注16 ℃、26 ℃、36 ℃，然后引导学生说出"天气越来越热"。也可以展示同一棵树三张不同时期的图片，引导学生说出"小树越来越高"。

**2. 问题导入**

以连动句为例，我们可以用问答的方法引出连动句。例如：

老师：你去哪儿？

学生：我去商店。

老师：你去商店买什么？

学生：买本子，我去商店买本子。

在这个连动句中，后面的动词短语"买本子"是前面的动词短语"去商店"的目的。

再如：

老师：你去哪儿？

学生：我去上海。

老师：你怎么去？

学生：我坐飞机去。

老师：说完整的句子，"我……"

学生：我坐飞机去上海。

在这个连动句中，前面的动词短语"坐飞机"是后面的动词短语"去上海"的方式。

### （二）语法讲解的方法

语法的讲解包括词法与句法规则的讲解。无论是词法还是句法，在教学中都应该把重点放在练习上,而非讲上。练习时可与生词和课文的讲解相结合。

**1. 词法的讲解**

(1) 语素的讲解。在词汇教学中要重视语素的拆分和语素间的组合规律,可以通过分析语素的意义理解生词,并可以帮助学生积累和识记与该语素相关的新词语,如在讲解"操场"一词时,"场"的意思跟"地方,平地"有关,教师由此可扩展到"机场""广场""市场"等词语,学生很快就能明白这些词的意思。类似的例子有:

茶<u>具</u>:玩<u>具</u>,餐<u>具</u>,工<u>具</u>……

照相<u>机</u>:电视<u>机</u>,飞<u>机</u>,洗衣<u>机</u>,手<u>机</u>……

(2) 短语的讲解。短语由词构成的,也是组成句子的构件。汉语的词、短语和句子的结构基本一致。学生掌握了短语,有助于其成句的表达。例如"学习"一词跟其他词搭配可以形成不同结构的短语:我学习,好好学习,学习汉语,学习的方法,学会,学了三年,学习和休息。

口语中,特别是回答别人问题的时候,我们一般很少说完整的句子,常常只用短语回答句子关键的部分。例如:

A:你学了几年汉语?

B:(学了)三年。

A:你学会结果补语了吗?

B:学会了。

**2. 句法的讲解**

教师要跟学生讲清楚句子的结构和句子成分的语义关系,以及语用条件,即为了什么目的、对什么人、在什么情况下、在什么环境中用这一句式。对外汉语教学中的重点句式主要有把字句、被字句、补语句(结果、趋向、可能、程度、状态、数量等)、兼语句、连动句、比较句等。句法规则讲解的方法主要有三种:归纳法,演绎法以及演绎和归纳相结合的方法。

(1) 归纳法要先举出多个例句,引导学生从中归纳出语法规则,并理解句式的意义和用法,再进行练习。我们以"把"字句为例进行说明。

第一步:先将课文中相关例句挑选出来写在黑板上。例如:

我把衣服放到柜子里。

丽娜把花盆摆在窗台上。

我把作业交给老师了。

第二步:引导学生从中归纳出语法形式、意义和用法。

形式:主语(施事)+把+名词$_1$(受事)+动词+在/到/给+名词$_2$。

意义:某人通过某个动作使某事物发生位置改变。

用法:主语为施事,"把"的宾语名词$_1$是动词的受事,是听说双方已知的、确定的事物。"动词＋在/到"的宾语名词$_2$是处所词,"动词＋给"的宾语名词$_2$是表示单位或人的名词。

(2) 演绎法要先展示语法点的结构形式(比如板书在黑板上),然后讲解语法规则,并举例说明。我们以"有点儿＋形容词"用法的教学为例进行说明。

第一步,先把"有点儿＋形容词"(有点儿＋A)写在黑板上,然后解释它的形式特点、语义特点和用法。

形式特点:有点儿＋形容词。结构中的形容词一般是表达消极意义的形容词或者是不如意的形容词,如:贵、冷、热、脏、忙、晚、难、丑等。

语义特点:"有点儿"表示稍微、略微的意思,用在形容词或心理动词之前,多用于修饰不如意的事情。

用法特点:在使用时,表达主观感受或认识。说话人有挑剔或者不太满意的意思。

第二步,举例说明。例如:

这件衣服有点儿小。

我最近有点儿忙。

这双鞋子有点儿贵。

(3) 演绎和归纳相结合的方法,可以事先采用演绎法给出语言点规则,然后带着学生进行操练。在学生有了一定的感性认识之后,再做进一步的归纳。这种方法比较适合讲解结构复杂的句式,比如讲时量补语时,目标句式有很多种,如下。

①动词＋时量补语,比如:我们休息10分钟。

②动词＋宾语＋时量补语,又分为时量补语插入动宾之间和重复动词两种情况。

一是动词＋时量补语＋宾语,例如:大卫学了两年汉语。

二是动词＋宾语＋动词＋时量补语,例如:大卫学汉语学了两年。

如果宾语是人称代词,要将其放在时量补语的前面,比如:我等了他半个小时。

在讲这个语言点时,老师可以先根据例句归纳出结构,然后让学生进行练习,学生初步掌握后,再引导学生进一步总结语言点的规则和注意事项。

教师还可以采用先归纳、再演绎的方法,这种方法比较适合讲解结构清晰,但是语言点有很多需要注意的句子,比如,在教"被"字句时,老师可以先给出几个典型的例句,然后师生一起归纳出"被"字句结构以及"被"字的位置,以及被、叫、让在使用上的差别等,然后再通过练习进行巩固。

(三) 语法操练的方法

语法讲解结束,就可以进入语法操练环节。语法操练不仅仅是巩固刚学的语法知识的手段,也是对刚学的语法知识进行验证、加深学生的印象、促进学生知识的消化的重要手段。语法操练的设计要有层次性,要遵循从机械练习、有意义的练习到自由表达交际性练习的顺序。

机械性练习主要是重复、模仿、替换和扩展。在这种练习中,学生的回答一般都是固定的。

有意义的练习主要是变换、改写句子,看图说句子,复述、翻译、回答问题等。虽然教师对这种操练也有一定的控制,但学生需要有自己的观察和思考。

交际性练习需要学生根据真实情况,用新学的语法点进行问答、谈话、角色扮演、讨论等。交际性练习可以结合学生的实际或者学生感兴趣的话题,让学生使用所学的语法自由表达,有利于培养学生的语言交际能力。但值得注意的是,这种方法应该在学生已经较好地掌握了语言结构的基础上进行。

课本在每课的课后都设置有各种练习,教师可以选择其中一部分在课堂上完成,其他的可以作为课外作业布置给学生课下做。

### (四)总结

多种形式的练习结束后,教师可以引导学生对学习的语法结构形式进行归纳与总结,加深记忆。

语法总结是对刚讲的语法内容进行归纳,总结要突出重点与注意事项。如对"比"字句的总结,就应该突出"比"字句的用法特点。归纳时最好要求学生与教师一起进行。

## 四、语法教学的技巧

### (一)情景法

这种方法包含两种情况。一是利用学生熟悉的事物设置情景,展示或解释语法点。例如在讲解"把"字句的"主语+把+宾语$_1$+动词+成+宾语$_2$"句式的时候,教师可以挑一个学生听写的错字或自己故意写个错字,让学生改过来。例如:

教师:这个汉字对吗?

学生:不对。

教师:(指着错字)老师写错了吗?

学生:老师写错了。

教师:怎么改?(请学生上讲台在错字旁写正确的字)

对,老师把"色"写成"包"了。(板书这个句子)

请你们再说一遍,老师怎么错了?

学生:老师把"色"写成"包"了。

接着,教师作归纳总结,如果要表示通过某个动作使某物的形态发生变化,我们可以用这样的格式:主语+把+宾语$_1$+动词+成+宾语$_2$。

再如,在讲解"国籍"这个词的时候,老师可以问学生:"我们班上有几位日本学生?有几位韩国学生?"学生回答:"我们班上有两个日本学生,八个韩国学生。"老师接着说:"日本、韩国表示的就是国籍。"

另一种方法是,老师通过做动作、指导学生做动作引出语法点,或者帮助学生理解语法点。比如在讲解"动词+复合趋向补语"时,老师可以一边开门往外走,一边问学生:"老师现在……"学生接着说:"老师走出去了。"然后老师又推门进来,说:"老师又……"学生接着说:"老师又走进来了。"当然,也可以老师说句子,让学生做动作。

## (二)对比法

对比分析是将两种语言的系统进行共时比较,以揭示其相同点和不同点的一种语言分析方法。我们可以通过对比分析来预测两种语言之间的差异所造成的学习难点,从而在教学中采取预防性措施,并开展针对性的教学。比如,很多欧美国家的学生往往把"了"误认为是过去时态的标志,从而造成了很多语法偏误。根据汉外对比,我们可以发现,汉语中的"了"表示的语法意义以及使用规则与英语等语言中的过去时态是不一样的。汉语中的"了"表示动作行为的完成或实现,使用规则较为复杂,表示过去发生、正在发生以及将来发生的句子都可以使用"了",有时表示过去的动作也不一定要使用"了"。这跟英语中的过去时态"动词+ed"的固定搭配是不同的。

除了汉外对比之外,还有汉语内部的对比。例如"突然"和"忽然"两个词语的教学,我们可以通过对比,找出二者差异。比如:

①天空忽然下起了大雨。(√)

　天空突然下起了大雨。(√)

②这是一个忽然事件。(×)

　这是一个突然事件。(√)

通过对比,大家可以清楚地看出,"忽然"和"突然"都可以作状语,但是"突然"还可以作定语,"忽然"不可以。由此,我们可以知道"忽然"是个副词,"突然"是个形容词。

运用对比法进行语法教学,可以确定语法教学的难点,增强语法教学的针对性。

## (三)图示法

用简单的图画形象地表示某种抽象的语法规则。比如我们可以用简单的图画形象地表示趋向补语的语义。如"进来/去""出来/去""回来/去""过来/去"的语义可以用图 4-1 表示出来。

再比如,学生在练习句型"主语+动词+着(宾语)+动词(宾语)"的时候,教师可以

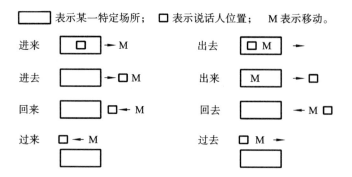

图 4-1　图示法表示语义

展示一张学生听着音乐写作业的图片,引导学生用"动词+着"说出句子"麦克喜欢听着音乐写作业"。图示法形象具体,适合各种水平的学生。

在具体的语法教学过程中,每位老师都可以根据自己的专业背景与教学内容的特点采取具体的教学方法或教学技巧开展教学。

## 五、"可能补语"的教学示例

（一）情境导入

教师拿着一支笔和一个书包问学生:这是什么?

学生:一支笔。

教师:这个书包能装下这支笔吗?

学生:能装下。

教师:对,能装下。我们还可以说"装得下",跟我读"装得下"。

学生:装得下。

教师在黑板上写个字,写完问一位学生:你能看见吗?

学生:能看见。

教师:我们还可以说……

学生:看得见。

教师展示自己的半杯水,然后问学生:看,这有半杯水,我能喝完吗?

学生:能喝完。

教师:很好,老师喝得完。

（二）语法讲解

在导入以上情境的同时,教师可以在黑板板书或用PPT展示出图4-2的内容。

教师通过问答的方式帮助学生理解句子,并归纳可能补语常见句式结构"动词+得+动词"。

图 4-2　"可能补语"的示例 1

## （三）语法练习

### 1. 看图问答

教师可以采用看图 4-3 问答的方法与学生对话。

教师：这是什么？

学生：巧克力。

教师：你爱吃巧克力吗？这块巧克力你吃得完吗？

学生：（教师指着肯定式结构）吃得完。

教师：这杯茶你喝得完吗？

学生：我喝得完。

教师：我有十元钱，这支笔两元钱。我买得起这支笔吗？

学生：买得起。

然后要求学生跟读：吃得完、喝得完、买得起。

图 4-3　"可能补语"的示例 2

### 2. 看图说话

教师可以让学生看图 4-4，然后采用问答导入的方法引出可能补语的否定式。

教师：这个包是不是太小了？这个包装得下这些书吗？

学生：装不下。

教师：那，这本书，你一分钟看得完吗？

学生：看不完。

教师：那没有学过汉语的人看得懂这本书吗？

学生：看不懂。

教师可以把句子中关键部分板书在黑板上。

装不下

看不完

看不懂

然后教师可以引导学生归纳出可能补语否定式的结构:动词＋不＋动词。

图 4-4 "可能补语"的示例 3

### 3. 根据录音选择正确的图片

教师可以播放含有该语法点的录音。

男:饭桌上的蛋糕怎么没吃完啊？你们吃饱了吗？

女:蛋糕太大了,我们吃不完。

然后让学生根据录音内容选择图 4-5 中合适的图片。

图 4-5 听录音选择图片

### 4. 根据图 4-6 提供的情景问答

图 4-6 根据图示情景问答

老师可以先做示范,自己问,学生回答;然后让一个学生问,另一个学生回答,例如:

问:箱子你搬得动吗？/箱子你搬得动搬不动？

答:我搬得(不)动。

问:奶茶喝得完吗?/奶茶喝得完喝不完?

答:我喝得(不)完。

问:作业做得完吗?/作业做得完做不完?

答:我做得(不)完。

**5. 连词成句**

例如:

①洗、得、衣服、干净,可以连成句子:衣服洗得干净。

②讲、不、电话里、明白,可以连成句子:电话里讲不明白。

③看、得、吗、懂、汉语报纸、你,可以连成句子:汉语报纸你看得懂吗?

**6. 情境对话**

教师可以给出一个话题与场景,让学生进行对话。例如话题:杰克到我家玩。

场景1:楼梯间家门前(男生要进来,女孩在门口迎接)。

女孩:啊,你来了,欢迎欢迎,我家在七楼,没有电梯,你爬得动吗?

男生:……

场景2:家中(女孩给男生拿拖鞋)。

女生:这是我弟弟的鞋子,他不在家,你穿他的鞋。他的鞋很小,你穿得下吗?

男生:……

(男生穿上鞋,和女生一起走向沙发,坐下了)

女生:来,尝一尝我为你准备的绿茶,很好喝。给你一杯,一杯你能喝完吗?

男生:……

(男生、女生坐在沙发上喝茶)

女生:你喜欢看电视吗?

男生:……

女生:那一起看电视吧,哎?我怎么看不清楚?我眼镜呢?你能帮我找找吗?

男生:……

(男生找到在沙发上的眼镜)

女生:谢谢你,戴上眼镜,我看得很清楚。

**(四)归纳总结**

总结所学的可能补语的肯定式、否定式和问句形式。

**(五)布置作业**

## 第三节　语法教学实践

### 一、自主学习

（1）阅读相关论著。

①黄伯荣、廖序东：《现代汉语（下）》，第四章"语法"，高等教育出版社，2017年版。

②周小兵：《对外汉语教学入门》，语法教学部分，中山大学出版社，2009年版，第281页。

③卢福波：《对外汉语教学实用语法》，北京语言大学出版社，2016年版。

④杨惠元：《课堂教学理论与实践》，北京语言大学出版社，2007年版。

⑤张和生：《汉语可以这样教——语言要素篇》，商务印书馆，2006年版。

（2）观看相关汉语语法教学录像与慕课，熟悉语法教学的具体流程。建议观看《汉语课堂教学示范：综合课语法教学（DVD）》（北京语言大学电子音像出版社，2007年1月）。

（3）组织学生进入对外汉语教学课堂听课，记录语法教学过程。

### 二、实践准备

经过课前的自主学习，学生对汉语语法知识以及语法教学法有了一定的了解。接下来教师可以组织学生进行语法教学实践。教学实践的内容如下。

（1）"是……的"句。

（2）程度补语。

（3）"动词+了$_1$"（即动态助词"了"）。

（4）"动词+起来"和"动词+出来"。

（5）存现句"处所+动词+着+数量短语+名词"。

学生分组，每组选择一个语法点进行备课，为模拟教学做好准备。

### 三、模拟教学

学生备课完成后，各组选出一个代表，在课堂上进行模拟语法教学展示，并录下课堂教学过程。其他同学跟老师一起观看模拟教学，一边观看，一边从教学设计、教学内容、教学方法等方面进行思考。

最后，对于没有机会进行模拟教学的同学，可以让他们采用说课的方式进行模拟教学。老师根据学生在模拟教学环节中的表现进行评价、打分,评价结果作为学生该课程最终成绩的一部分。

## 四、教学研讨与反思

模拟教学结束后,老师和学生一起讨论与评价模拟教学的优缺点,最后由老师进行点评与总结。课下,学生根据师生的反馈,结合录制的教学实践视频完成教学反思。

【课后思考】

(1) 理论语法与教学语法有何区别?请以汉语语法为例进行说明。

(2) 下面是留学生作业里出现的偏误句,请你说说偏误在哪里,如何纠正?

①我把花盆搬出外边。

②来武汉以后,我常常给妹妹寄回一些东西来了。

③昨天我们是走回的。

(3) 语法练习有哪些方法,请举例说明。

# 第五章 综合课与综合课教学

## 第一节 综合课知识

### 一、综合课的性质

综合课是对外汉语教学的一门主干课,是对外汉语教学课程体系中的核心课程。在对外汉语教学的发展历史中,综合课曾有不同的称呼,例如有的学校最早把它叫作"文选课",后来,有的学校把它叫作"精读课",有的把写作课合并进来叫作"读写课",还有的干脆把它叫作"汉语""初级/中级/高级汉语"。现在人们大都根据国家制定的教学大纲称之为"综合课"。与综合课相配合的课程还有"口语课""听力课""阅读课""写作课"等,这些课程围绕着"综合课"分别对留学生汉语的听、说、读、写各单项技能进行针对性训练,因此人们又把"综合课"称为"核心课",把"口语课""听力课"这些单项技能课称为"卫星课"。

"综合课"称呼的不断变化,也反映出人们对这门课性质的认识不断深化。关于综合课的性质的论述,主要有以下几种观点。

(1)综合课是全面进行语言要素、文化背景知识和语用规则的教学,全面进行言语技能和言语交际技能的训练。

(2)综合课就是汉语基础知识讲练课。

(3)综合课就是综合语言技能训练课。

(4)传授语言知识和规则是综合课的首要任务或基本任务,但它的核心任务还是语言技能的训练,是以听说技能为重点,包括听、说、读、写各项技能的综合训练。

前三种观点对综合课的性质与任务的限定或无所不包(如第一种),或有所侧重(如第二、三种),而第四种观点则是在总结历史上人们对综合课研究的基础上提出来的,较好地体现了"综合课"的"综合性"特点。综合课的"综合性"具有两个方面的含义：一是教学内容上的综合，综合课不仅有培养学生的语言技能的内容，还有传授技能训练的语言知识与文化的内容；二是在技能训练方式上，它采用的是综合训练的方式，即在进行知识传授的同时进行技能训练。因此，我们可以将"综合课"的性质简单表述为"综合课是一门围绕着语言要素与相关文化内容进行听、说、读、写综合训练的对外汉语教学主干课程"。

## 二、综合课的教学目标

按照语言水平，综合课可分为初级、中级与高级三个阶段，每个阶段在教学目的、教学任务方面略有不同。按照《高等学校外国留学生汉语教学大纲（长期进修）》（2002）规定，三个阶段的教学目标如下。

在初级阶段，通过对学生进行听、说、读、写综合技能的训练，并讲授一定的语言知识，让学生具有初步的听、说、读、写能力，并掌握一定的语言知识，能满足学生日常生活、学习及一般场合的交际需要。

在中级阶段，综合课的教学目标是对学生进行听、说、读、写综合技能的训练，并讲授一定的语言知识及文化知识，扩大其词汇量，培养学生成段听读的能力和运用所学词语、句式较流利地进行口头或书面表达的能力，使学生在日常的学习和生活中能较自如地运用汉语，并能进行一定范围内的工作。

在高级阶段，综合课的教学目标是对学生进行汉语听、说、读、写综合技能的训练，扩大学生的词汇量，提高学生的词语辨析和运用能力、快速阅读能力及大段表达能力，使学生能熟练、灵活、准确地掌握和运用汉语，并能在较高层次上理解和欣赏丰富多彩的语言现象。

《国际中文教育中文水平等级标准》（2021）则按学习者的中文水平从低到高将其分为三等，即初等、中等和高等，以音节、汉字、词汇、语法四种语言基本要素为衡量学习者中文水平的基准，并确定每个等级的要求，以及掌握语言要素的量化指标，这些指标也是综合课的教学目标。具体指标要求如下。

（一）初等

能够基本理解简单的语言材料，能够进行有效的社会交际。能够完成日常生活、学习、工作、社会交往中有限的话题表达，能用常用句型组织简短的语段完成简单的交际任务。能够运用简单的交际策略辅助日常表达。初步了解中国文化知识，具备初步的跨文化交际能力。完成初等阶段的学习，掌握音节 608 个、汉字 900 个、词语 2245 个、语法点 210 个，能够书写汉字 300 个。

## （二）中等

能够理解多种主题的一般语言材料，能较为流畅地进行社会交际。能够就日常生活、工作、职业、社会文化等领域的较为复杂的话题进行基本的成段表达。能够运用常见的交际策略，基本了解中国文化知识，具备基本的跨文化交际能力。完成中等阶段的学习，掌握音节 908 个、汉字 1800 个、词语 5456 个、语法点 424 个，能够书写汉字 700 个。

## （三）高等

能够理解多种主题和体裁的复杂语言材料，能进行深入的交流和讨论。能够就社会生活、学术研究等领域的复杂话题进行规范得体的社会交际，逻辑清晰，结构严谨，篇章组织连贯合理。能够灵活运用各种交际策略。深入了解中国文化知识，具备国际视野和跨文化交际能力。完成高等阶段的学习，掌握音节 1110 个、汉字 3000 个、词语 11092 个、语法点 572 个，能够书写汉字 1200 个。

### 三、综合课的教学内容

吕必松认为，课堂教学内容包括知识传授和技能训练两个方面，知识传授具体表现为语言要素、有关的文化知识和语言知识的教学，技能训练则包括言语技能和言语交际技能的培养。[①] 总的看来，综合课的教学任务主要包括以下四个方面。

一是语言知识教学。语言知识包括语音、词汇、语法、语篇、汉字等。语言知识教学是综合课教学的基本任务。

二是语言技能训练。要求学生掌握汉语的听、说、读、写等语言技能，这是综合课教学的核心任务。

三是言语交际技能的训练，培养学生的交际能力。学生虽然已经具备了一定的语言技能，但未必能顺利地进行交际。综合课教学任务的第一、二项是帮助学生获得汉语语言能力，而对外汉语教学的最终目标则是培养学生的言语交际能力，因此，还必须通过言语交际技能训练帮助学生做到不仅说得对，还要说得得体。

四是文化因素的教学。教授学生必要的文化知识，有助于学生克服文化障碍，正确理解并使用所学到的语言。

综合课可分为初级、中级和高级三个阶段，不同阶段的教学内容不同。初级阶段的教学内容包括：进行汉语普通话语音教学，讲授和练习汉语的声母、韵母、拼合、声调、轻

---

① 吕必松：《对外汉语教学概论（讲义）》，教育部汉语作为外语教学能力认定工作委员办公室，1996 年版，第 47 页。

声、变调、语调、儿化韵等;进行汉语基本句型和语法的教学;进行常用词汇和短文教学;讲授汉字的笔顺、笔画和汉字基本知识,教学生认读并书写常用汉字。中级阶段的教学内容包括:教学生学习各种题材和体裁的反映当代中国人生活的文章或部分现代名家作品,介绍相关的文化背景知识,讲解文章中出现的语法结构,并进行多种形式的书面或口头练习。高级阶段的教学内容包括:学习内容较有现代意义、语言较典范的现代名家的经典作品及能够反映当代中国社会的现实生活和民族文化特点的文章。

在三个教学阶段中,初级阶段的综合课教学最为重要,其教学内容,应在课堂教学内容的总前提下,重点突出以语音、语法、词汇、汉字为主的语言要素教学,和以听、说、读、写为主的言语技能训练。技能训练必须以语言要素教学为基础并围绕着语言要素的教学展开,与此同时,语言要素教学又必须纳入技能训练之中。《对外汉语教学初级阶段教学大纲》从三个方面对初级阶段综合课的教学要求进行了规定,实际上也反映了初级阶段综合课的教学内容,[①]具体如下。

(一)语言知识方面

(1)语音教学,要求学生学习并掌握汉语声母、韵母、声调、变调、轻声(必读的轻声)、儿化韵(必读的儿化韵的词,如玩儿、画儿、这儿、那儿、哪儿等)、词重音、句重音、语调、语气、语流音变,以及普通话的基本语音和汉语拼音。要求学生朗读和说话的语音语调基本正确。

(2)词汇方面,要求学生学习 2800 个汉语常用词(其中一级词 1000 个、二级词 1800 个),要求能正确读出、掌握其基本义项和常用义项及用法。

(3)汉字方面,要求学生学习汉字等级大纲规定的甲级字和乙级字 1600 个,为学生讲授汉字笔顺、笔画、部件和书写规则,分析常见汉字的基本组成要素。

(4)语法方面,学完《对外汉语初级阶段语法大纲》规定的 120 个语法项目。

(二)语言技能方面

(1)听:掌握精听、泛听和搜索听的技能。初级阶段结束时,能听懂语速为每分钟 160~180 个字、生词不超过 2%、新语法点不超过 1% 的非图像性语言材料,理解正确率应达 80% 以上。

(2)说:能够在日常生活和一般社交活动中,就某项专业表达自己的需要、愿望、意见。能进行比较流利的成段叙述。能借助讲稿进行较完整的篇章表达,语音语调基本正确。

---

① 杨寄洲:《对外汉语教学初级阶段教学大纲》,北京语言大学出版社,1999 年版,第 2-3 页。

（3）读：掌握汉语的基本阅读技能，会细读、略读、浏览读、检索读，并掌握快速阅读技巧。能够达到两个层面的阅读速度和理解程度。

（4）写：听写速度达到15～18个汉字/分钟，抄写速度达到18～20个汉字/分钟，能写一般应用文，能把70%以上的授课内容整理成笔记。100分钟内能写出400字以上、句子通顺、意思完整、语法错误低于2%、汉字错误低于3%的记叙短文。

（三）交际技能方面

具备适应各种一般性交际场合的汉语交流能力。能够较快、较正确地听懂、领会交际对象的意图，能选择相应的词汇和语法形式较准确地表达自己的意思。

中级综合课教学的教学内容包括语音教学、词汇教学与语法教学。中级阶段综合课的语音教学应有针对性地正音，注重声调、语调的训练。[①] 另外，随着汉语水平的提高，留学生学习的多音字、形似字也越来越多，这一阶段的语音教学还应注意多音字的训练（正确的读音）和形似字的训练（正确的读音）。根据《高等学校外国留学生汉语教学大纲（长期进修）》的要求，中级阶段要学习2850个词，所以中级综合课的词汇教学不仅要求学生扩大词汇量，而且还要巩固初级阶段已学过的2800个常用词。[②] 中级综合课的语法教学包括两个方面的内容。

（1）通过归纳总结式的讲练，进一步巩固初级阶段所学的语法知识。初级阶段的语法知识比较零散，缺乏系统性，因此，到了中级阶段要进行归纳总结。

（2）初级阶段学生学习的语法知识还远远不能满足交际的需要，因此，还须在中级阶段的教学中进一步扩展与深化。《高等学校外国留学生汉语教学大纲（长期进修）》把中级综合课语法教学分为四级，规定每一级学习20～23个语法项目，一共83个语法项目，包括语素、词类、固定短语、语义关系、结构成分、句式、时态、反问句、双重否定句、固定格式、复句等11个大的语言点。

高级综合课教学内容重点体现在词语教学与语段、篇章教学方面。从初级到高级，汉语综合课教学需要逐步扩大学生的词汇量，引导学生学会辨析常见的同义词和近义词。同时，由于高年级学生的语言能力已经逐步向高层次发展，训练他们连贯的成段表达能力则成为教学的重要任务。因此，语段与篇章教学是高级综合课教学内容中的重中之重。

---

[①] 周小兵、李海鸥：《对外汉语教学入门》，中山大学出版社，2004年版，第341-348页。

[②] 国家对外汉语教学领导小组办公室：《高等学校外国留学生汉语教学大纲（长期进修）》，北京语言大学出版社，2002年版，第4页。

## 第二节 综合课教学

### 一、综合课的教学原则

根据蔡整莹在《初级阶段的综合课的性质、目的与任务》中所述的观点,综合课的教学原则包括三条:实践性原则;交际性原则;以学生为中心原则。[①] 根据《高等学校外国留学生汉语教学大纲(长期进修)》的要求[②],综合课的教学要遵守六条原则:以学生为中心,充分发挥教师的主导作用;在教学过程中,注重实践性,着眼于提高学生的汉语交际能力;从学习者的实际需要出发,注重教学内容的实用性;采用多样化的教学方法,充分利用现代化的教学手段;坚持课堂教学语言的规范性和可接受性;充分利用汉语言文化的大环境,组织多种形式的语言实践活动。

我们认为,根据综合课的性质与特点,综合课教学要坚持以下三条主要原则。

**1. 精讲多练的原则**

精讲多练是对外汉语教学最重要的原则之一。"精讲"包含两个含义,一是讲的内容要精,要对精选出来的重要语言点以及可以举一反三的教学内容进行重点讲解,而不是教材中出现的每个生词、每个句子、每个语法都要讲。二是讲的方式要精,语言点的讲解不能照搬教材、词典,教师应在参考教材与词典的基础上采用合适的方式进行讲解,注意讲解要有针对性,要简单明了、深入浅出。有的时候,采取以练代讲能够达到事半功倍的效果。"多练"指的是多练习、多操练。综合课上,"讲"和"练"的比例控制为3∶7比较合适。也就是说完成一堂综合课,教师的讲解时间占30%,教师指导学生练习的时间占70%。我们还要注意,"多练"不仅仅体现在时间分配上,还应体现在练习的质量上,练习内容要丰富、方式要具有针对性。内容单一、方式机械的练习会导致课堂气氛沉闷,达不到好的教学效果。

**2. 循序渐进的原则**

循序渐进的原则是指教学要按照知识的逻辑系统和学生认知发展的顺序进行,使学生能够系统地掌握基础知识与基本技能。在综合课中,循序渐进的"序"指的是学习者获得汉语知识与汉语技能的逻辑顺序,教学过程要遵循这个顺序。"渐进"则是指教师在开展教学的过程中,要按照设计好的教学顺序,引导学生由易到难地学习语言点。

---

① 李杨:《对外汉语教学课程研究》,北京语言文化大学出版社,1997年版,第192-193页。
② 国家对外汉语教学领导小组办公室:《高等学校外国留学生汉语教学大纲(长期进修)》,北京语言大学出版社,2002年版。

同时,还要根据语言点的特点设计丰富多样的练习,层层递进,帮助学生把语言知识转化为语言技能和语言运用能力。

**3. 以学生为中心的原则**

以学生为中心是指在教学过程中学生是学习活动的主体,在教学中应充分发挥学生的主体作用。以学生为中心是现代教育的基本理念之一。综合课教学要坚持以学生为中心的原则是指"教"要为"学"服务,教学设计要从学生的需求出发,充分发挥学生的积极性与创造性,让他们在体验中获得知识和能力。

要想在教学中真正贯彻以学生为中心的原则,教师首先要在充分了解学生的基础上进行教学设计,了解学生的学习需求、学习动机与目标、认知特点以及学习风格、性格特点等。然后,再根据学生的个体性因素制定教学目标、确定教材与教学方法、组织合适的教学活动。另外,以学生为中心的原则还体现在课堂教学中,即课堂教学要贯彻精讲多练的原则,把更多的课堂时间交给学生,让学生在教师的指导下多听、多读、多说、多表达,真正成为课堂教学的主体。

## 二、综合课的教学环节

综合课是对外汉语教学中的一门主干课程,在"综合+小四门"教学模式中,综合课发挥着"中枢"的作用。因此,综合课教学在对外汉语教学课程体系中占有举足轻重的地位。

综合课传统上可分为五个大的教学环节:组织教学,复习检查,讲练新课,巩固新内容,布置作业。其中,讲练新课这个环节根据内容又可以拆分成三个部分:生词,语法和课文,每个部分都讲练结合。因此,我们也可以把综合课的教学环节细分为七个环节:组织教学,复习检查,生词教学,语法教学,课文教学,课堂小结和布置作业。

(一)组织教学

组织教学的目的是集中学生的注意力,让学生迅速进入学习状态。常见的方式有点名、问候、简单的日常生活问答等。组织教学过程中,教师一定要精神饱满、从容自如、面带微笑,和学生要有眼神交流。组织教学环节一般需要2分钟左右。

(二)复习检查

在该环节,教师要对上一次课的教学内容进行复习,同时检查新课预习情况。复习旧课的方法有多种,如听写词语、造句、对话等。"听写"的方法主要用于检查学生是否掌握了上一课中的重点词语或语言点。教师根据词语的多少让2~4个学生到讲台上听写,其他学生一同听写,然后教师跟学生一起来检查纠正。"造句"的方式一般用于检查学生对语法、重点词语的掌握。具体做法可以指定学生当场造句,然后由教师进行评价,如果造的句子存在问题,也可以让其他学生来纠错。

"对话"的方式有两种具体的形式:一是在教师与学生之间进行,二是教师指定 2~3 个学生进行对话,比如教师通过与日本学生洋子对话来复习刚学过的语言点"A 比 B ＋形容词"。

教师:洋子,你觉得北京冬天冷不冷?

学生:我觉得北京冬天很冷。

教师:东京冬天冷吗?

学生:东京冬天有点儿冷,不很冷。

教师:那么你觉得这两个城市冬天哪个更冷?

学生:我觉得北京冬天比东京冷。

再如上一次课中一个语言点是时量补语,教师可以用下面的问题进行复习检查。

你每天听几个小时的录音?

你学了多长时间汉语了?

你想学习多长时间汉语?

你昨天打篮球了吗?你打球打了多长时间?

你昨晚睡了几个小时觉?

"检查"主要是指检查学生预习新课的情况,一般通过听写生词的方式来进行,如果想检查学生是否已经了解新课的话题,教师也可以通过提问来进行。如新课的标题是"我想学太极拳",教师可以这样来检查学生的预习情况。

教师:你们喜欢中国武术吗?

学生:很喜欢。

教师:你们喜欢什么武术?

学生:我喜欢李小龙。

教师:你们知道太极拳吗?

学生:知道。

教师:你们想学太极拳吗?

学生:我想学太极拳。

……

"检查"这个小环节与"导入新课"环节往往有交叉,或者说,"检查"有时就是一种新课导入的方式。

复习检查环节在 100 分钟的课时中约占 10~15 分钟,虽然不是很长,但是该环节非常重要,它是由旧知识向新知识的一个过渡环节。在该教学环节中,我们还须注意,如果发现有学生没有做作业、没能按时完成作业,教师不必采取要求学生多做、重做等方式来惩罚学生,而是应该先跟学生进行沟通,了解学生未能完成作业的原因。如果是忘记了,可以要求学生补做,下次上课带给老师;如果学生不会做,而且教师发现这是普遍情况,教师应该在班上集中向学生讲解;如果是学生觉得没意思或觉得练习没用,而且很多学生都这样认为,那么教师就应该检讨自己布置练习的内容及方式是否合理,如果确实不合理就要及时调整。

(三)生词教学

生词教学的一般步骤是:展示—讲解—练习。

**1. 展示生词**

展示生词就是把所要教的词语通过听写、板书或PPT展示等方法介绍给学生。生词表中生词的展示的顺序有多种,具体可参见本教材第三章"词汇与词汇教学"的第二节"词汇教学"部分。常用的展示词语的方法有词语听写、生词领读、词语认读、展示生词卡片等。教师一般可以利用卡片依次展示生词,并结合"检查预习"让学生先对本课生词有个大致的印象。认读生词是要求学生正确掌握词语的发音。教师可以先播放录音让学生试听模仿,教师纠音,然后领读,接着有针对性地点读,最后让学生齐读。通过这些步骤,帮助学生最终掌握生词的正确的发音。

**2. 讲解生词**

讲解生词是生词教学的重要内容之一。对于综合课中的"生词",教师应该根据不同的生词做出不同的处理。生词要讲解词义与用法,重点在用法。对于初级学习者,教师在词义讲解时可以要求学生参看词语的翻译解释,采用组词成短语、造句的方式让学生进一步掌握词义。如果是中高级学生,教师可以引导学生参看词语的汉语例释来理解词义。对于大多数外国留学生来说,生词的难点并不在于词义上,而在于词语的用法上,因此,教师应重点讲解生词的用法。讲解词语用法的主要方法是举例。通过大量的例子,加上教师的引导与点拨,大多数情况下,学生能很容易地归纳出词语的用法。另外,在生词讲解中,教师可以将互相有联系的词语放在一起讲解。

下面我们以《汉语教程(修订本第二册上)》第二课"我们那儿的冬天跟北京一样冷"的生词教学[①]为例进行说明。该课的生词如表5-1所示。

教师可以将这些生词简单分为五组:1~4为第一组,5~13为第二组,14~16为第三组,17~23为第四组,24~27为第五组。第一组词语涉及本课的语法点"A跟B一样/不一样",因此讲解时可以将该语法点部分内容整合进来。例如:

---

① 杨寄洲,《汉语教程(修订本第二册上)》,北京语言大学出版社,2006年版。

表 5-1 《我们那儿的冬天跟北京一样冷》生词表

| 1.国家 | 2.一样 | 3.时差 | 4.夜 | 5.季节 |
|---|---|---|---|---|
| 6.春(天) | 7.夏(天) | 8.秋(天) | 9.冬(天) | 10.冷 |
| 11.刮风<br>风 | 12.下雪<br>雪<br>下雨 | 13.不但……而且…… | 14.得 | 15.分 |
| 16.听写 | 17.周末 | 18.出去 | 19.历史 | 20.产生 |
| 21.画册 | 22.研究 | 23.只是 | 24.老 | 25.改革 |
| 26.开放 | 27.一切 | | | |

① 教师:罗兰,你们国家离北京远吗?

罗兰:我们国家离北京很远,坐飞机要好几个小时。

教师:真的很远,那你们那儿的时间跟北京不一样吧?

罗兰:当然不一样了,我们那儿跟北京有七个小时的时差。

教师:那现在北京是早上八点多,你们国家现在是几点呢?

罗兰:我们那儿现在是夜里一点多。

教师:是你们国家早还是北京早?

罗兰:北京早,北京比我们那儿早七个小时。

在与学生对话过程中,教师应该有目的地使用刚学过的词语与语法点,如:离,八点多,是 A 还是 B,"比"字句等。教师可以一边跟学生对话,一边将生词及包含本课语法点的典型例句板书在黑板上[①],如可以把"A 跟 B(不)一样"与例句"我们那儿的时间跟北京(不)一样"板书在黑板上,并引导学生举出类似例句。如下:

A 跟 B 一样　　　　　　　　　A 跟 B 不一样

我们那儿的时间跟北京一样　　我们那儿的时间跟北京不一样

这本书价钱跟那本书一样　　　这本书价钱跟那本书不一样

我的个子跟我同屋一样　　　　我的个子跟我同屋不一样

如果要说明比较双方在某方面一样或不一样,那就用"A 跟 B(不)一样……"句型,如下:

A 跟 B 一样……　　　　　　　A 跟 B 不一样……

我们那儿的时间跟北京一样早　我们那儿的时间跟北京不一样早

这本书跟那本书一样贵　　　　这本书价钱跟那本书不一样贵

---

① 一般情况下,教师会在正式上课前先把本课生词板书在黑板上。如果是这样,教师直接将包含本课语法点的典型例句板书在黑板上,并用红色粉笔标出语法点中的重要部分。

我的个子跟我同屋一样高　　　　我的个子跟我同屋不一样高

②教师：刚才罗兰说他们那儿的时间跟北京不一样。贝克，你是罗兰的同胞，请你告诉大家，你们那儿的季节跟北京一样吗？

贝克：季节跟北京一样，也是春、夏、秋、冬四个季节。

教师：气候跟北京一样吗？

贝克：气候跟北京不一样，我们那儿夏天没有北京这么热。

教师：对，北京夏天有点儿热。那冬天呢？

贝克：我们那儿冬天跟北京一样冷，但是不常刮风。

教师：常下雪吗？

贝克：下雪，不但常常下雪，而且下得很大。

教师：好，马赛罗，你们国家冬天怎么样？

马赛罗：……

教师：洋子，你们国家冬天怎么样？

洋子：……

例②的操作同例①，但要注意，课堂上教师不能总与某一个学生对话，而应尽量让所有学生或大多数学生都张口说话。

上述例子中采用的分类分组词语讲解法有利于学生理解词义与运用词语，但不必详细解释每个词语，而是要根据词语的特点与课文内容有详有略、有深有浅。

### 3. 练习生词

练习是对刚学习的知识与技能训练进行巩固。词语练习的方法一般有：图片实物练习（如展示图片或实物让学生说出相对应的词语），利用动作（如教师作出某种动作或体态，然后让学生说出相应的词语），利用词语之间的意义联系进行操练（如让学生说出某个词的同义词、反义词等），听辨练习（如听录音指出相应的词语），听写练习（如听录音写出相应的词语），搭配练习（如让学生说出与词语搭配的量词、动词、宾语、补语等），造句练习（要求学生用词语说出一个正确的句子），辨别练习（如给出多个意思相近词语，让学生根据要求选择正确的词语），填空练习（如将一篇文章中的一些词语抽取掉，然后给出多个词语或不给出词语，让学生做完形填空），等等。

练习的设计包括知识性练习、半交际性练习与交际性练习。

（1）知识性练习。知识性练习可以帮助学生加强对生词的理解与记忆。练习形式有说出图片中事物的名称、说出实物的名称、写同义词、写反义词等。

①教师出示图片，依次让学生说（写）出它们的名称。如图5-1所示。

②教师出示实物，让学生说出名称。如出示苹果、花、地图、字典、书等，另外还可以

邮局　　　　　　　　银行　　　　　　　图书馆

图 5-1　看图说名

利用教室中的实物,如教室、窗户、门、桌子、椅子、电脑、空调等。

③写(说)同义词、反义词。

爸爸——<u>父亲</u>　　　　房间——<u>屋子</u>　　　　年龄——<u>年纪</u>

高——<u>矮</u>　　　　　　胖——<u>瘦</u>　　　　　　长——<u>短</u>

远——<u>近</u>　　　　　　冷——<u>热</u>　　　　　　快——<u>慢</u>

开——<u>关</u>　　　　　　出——<u>进</u>　　　　　　上班——<u>下班</u>

故意——<u>有意</u>　　　　漂亮——<u>好看</u>　　　　赶紧——<u>赶快</u>

几乎——<u>差一点儿</u>　　并且——<u>而且</u>　　　　打算——<u>计划</u>

(2) 半交际性练习。半交际性练习练习形式有组词成句、完成句子、完成对话等。例如:

第一题,组词成句。

①放　假　了　旅行　去　我们　,　。(放了假,我们去旅行。)

②到　几　寄　美国　时间　天　要　?(寄到美国要几天时间?)

③不　好　买　哪　我　知道　种　。(我不知道买哪种好。)

第二题,用给出的词语完成句子。

①下午我一到四点就＿＿＿＿＿＿＿＿＿＿＿＿＿＿＿＿＿＿＿＿＿。(锻炼)

②你去邮局寄信,＿＿＿＿＿＿＿＿＿＿＿＿＿＿＿＿＿＿＿＿＿＿＿。(顺便)

③别着急,＿＿＿＿＿＿＿＿＿＿＿＿＿＿＿＿＿＿＿＿＿＿＿＿＿＿。(着呢)

(3) 交际性练习。如请学生两人一组,用给出的词语就"气候"话题进行对话:气候,天气,下雨,下雪,刮风,冷,热,……比……,……跟……(不)一样。

练习的处理有多种方式,常用的有两种:一是将练习放在一起统一处理,或在课堂上,或分成课堂练习与课外作业两种来处理;二是将练习整合到前面的教学内容中去,如讲解拼音时,顺便处理练习中的拼音练习,讲解完生词时,顺便处理生词练习,等等。具体采用哪种方法,要根据具休情况而定。

### （四）语法教学

语法教学是"讲练新课"环节中的一项重要内容。语法教学的一般步骤是：导入—讲解—操练—归纳总结。

**1. 导入语法**

导入语法的目的是通过情境帮助学生理解所学语言点的意思，教师在设计导入时需要考虑导入的方式。语法点的导入有多种方式，比如以旧带新法、问题导入法，和利用实物、动作和图片等设置情境导入法。具体内容参见本教材第四章"语法与语法教学"的第二节"语法教学"中的"语法教学的步骤与方法"部分。

**2. 讲解语法**

讲解语法点一般从三个方面着手：形式特点、语义特点、用法。板书时，教师可以将语法点中重要部分用红笔书写（或描粗、写大点儿）进行凸显。下面以"比"字句讲解为例进行说明。

（1）形式：A 比 B……①

A 和 B 是比较双方，谓语由形容词和一些动词或动词短语充当。例如：

我比弟弟高。

冬天北京比上海冷。

艾米丽比杰西卡喜欢音乐。

（2）意义："A 比 B……"表示 A 与 B 比较，在谓语表示的性质这一点上，A 的程度高。A、B 一般是表示人或事物的名词，也可以是动词短语。例如：

这本书比那本书贵。

我的同屋比我喜欢足球。

你去比我去好。

（3）用法："A 比 B……"是"比"字句的肯定形式，它的否定形式是：A 没有 B……。例如：

我没有弟弟高。

冬天北京没有上海冷。

艾米丽没有杰西卡喜欢音乐。

"比"字句的正反疑问句形式是：A 有没有 B……？例如：

你有没有弟弟高？

冬天北京有没有上海冷？

---

① 此处的"比"字句是指初级阶段第一次出现的"比"字句(1)。

艾米丽有没有比杰西卡更喜欢音乐？

需要注意的是，虽然很多形容词和一些动词可以受程度副词的修饰，但是在"比"字句中，形容词和动词前不能受"很""非常"等程度副词的修饰。例如：

这本书比那本书很（非常）贵。（×）

我的同屋比我很（非常）喜欢足球。（×）

你去比我去很（非常）好。（×）

但是，"比"字句中谓语动词前能受副词"还""更"等的修饰。例如：

这本书比那本书还（更）贵。

我的同屋比我还（更）喜欢足球。

你去比我去还（更）好。

如果想表示比较双方之间差别的大小，可以使用"一点儿""一些"（表示差别小）与"多了""得多"（表示差别大）。例如：

这本书比那本书贵一点儿。

冬天北京比上海冷一些。

这本书比那本书贵多了。

你去比我去好得多。

此外，教师在讲授该语法点时要考虑到学生的文化差异与宗教习惯，应使用客观、中立、典型的例句来说明，切勿拿学生的生理特征或民族禁忌来举例，如"弗雷迪比米雪丽黑""费朗比海德拉胖""阿米尔比德拉甘更爱吃猪肉"这样的句子均不合适，可能会引起学生的反感，甚至是冲突。

**3. 操练语法**

语法讲解结束，就可以进入语法操练环节。教师可以提前让学生当堂做课后相应的练习，然后检查。语法练习不仅仅是巩固刚学的语法知识，也是对刚学的语法知识进行检验，加深学生的印象。教师也可以自己设计语法练习。

语法操练的方法一般有替换练习、扩展练习、句子变换、造句、完成句子、用给出的语法点完成对话等。

（1）替换练习。替换练习一般用于句型练习，目的是让学生掌握词语在某一个位置聚合的特点。被替换的往往是词或短语。替换练习要求学生具有一定的词汇量。例如：

①快要　上课　了！
　　　　下课
　　　　吃饭
　　　　考试
　　　　回国

②我　骑自行车　去　上课。
　　　坐出租车　　　医院
　　　开车　　　　　商场
　　　走路　　　　　邮局

例①是单项替换练习，例②是双项替换练习。

(2) 扩展练习。扩展练习是指增加词语或句子的长度，目的是让学生掌握汉语词语组合的特点。常见的扩展练习方法有以下几种。

①词语扩展练习。例如：

买—买邮票—买一张邮票

吃—吃饺子—吃一碗饺子

借—借书—借一本书—借一本法律书

②句子扩展练习。例如：

我去图书馆。—我去图书馆借一本法律书。

如果明天下雨。—如果明天下雨，我们就不去公园了。

今天早上我一起床。—今天早上我一起床就洗脸。

我一洗完脸。—我一洗完脸就去吃饭。

我吃完饭。—我吃完饭就去上课。

(3) 句子变换。例如：

我们学校旁边是一家中国银行。—中国银行在我们学校旁边。

衣服我洗干净了。—我把衣服洗干净了。

他一天比一天高。—他越来越高了。

马丁一边听音乐一边做作业。—马丁听着音乐做作业。

上述的练习大都属于一些机械性的操练，在实际教学中，还必须让学生多采用一些交际性练习，如造句、用给定的语法点来描述一个情景或复述一个故事、用给定的语法回答教师的问题，等等。

**4. 总结语法**

语法总结是对刚讲的语法内容进行归纳，总结要突出重点与注意事项。如对"比"字句的总结，就应该突出"比"字句的用法特点。归纳时最好学生与教师一起进行。

(五) 课文教学

课文是综合课教学中的重中之重，所有的教学内容均要通过课文来体现，教学任务与教学目的也要通过课文学习来完成与实现。课文教学大致有以下几个步骤：导入课文、讲练课文、表演课文和课堂活动。

**1. 导入课文**

导入课文的内容要如同电影戏剧的序幕一样,起到聚焦和吸引学生注意的作用。要能在较短的时间内稳定学生的情绪,诱导学生产生与课文内容相关的联想,激发学习兴趣,让学生带着强烈的求知欲,进入学习的情境中。

课文导入方法有问题导入、图片或视频导入、复习导入等。问题导入法可以是教师设计一个或几个与课文内容相关的问题,引导学生讨论,进而导入课文。图片或视频导入是教师展示与课文内容相关的图片或视频,并提出问题引导学生回答。复习导入是教师带领学生复习学过的内容,由此引出本课的课文,这样做的前提是复习的内容与本课有一定的相关性。

**2. 讲练课文**

讲练包括讲和练两个部分,"讲"是针对课文内容的理解而言的,在"讲"之前,教师要先根据课文内容设置问题,让学生回答,从而检查学生对课文的理解程度。如果是叙述文,问题一般围绕时间、地点、人物、原因、结果等来设置。如果是议论文,问题一般围绕话题、原因、条件、结论等来设置。对于学生不懂的地方,教师可以用适当点拨的方式,帮助学生借助学习过的知识理解课文的内容。

"练"则须在理解课文的基础上进行,通常先从朗读开始。朗读是帮助学生形成正确的语音语调,克服"洋腔洋调"的基本手段。教师先领读,以便让学生感知正确的标准的语音语调,教师一般须领读2~3遍,第一遍慢速,第二遍加快语速,领读时注意语气、语调、节奏、停顿等,这能帮助学生加深对课文的理解。教师领读后,让学生自己朗读课文,然后再进行复述课文的练习。复述不是机械地背诵,而是要在不改变课文原义的基础上,让学生按照一定的逻辑框架重新组织语言,复述课文内容。复述要采用循序渐进、难度逐步加大的方式,开始可以是教师带领学生一起复述,然后指定几个学生一起完成复述,最后由一名学生单独完成复述。在这个过程中,教师可以借助"支架式"教学的思路,先用板书或PPT给出关键词语提示,然后逐渐减少提示词语,最后让学生在没有提示词的情况下复述课文。这种方式有助于学生理解、掌握课文的表达框架。

**3. 表演课文**

表演课文不仅能加深学生对课文的理解,而且兼顾了教学目标中的认知领域、情感领域和技能领域等方面的培养,有很强的综合性。设计表演课文时,可以直接对课文进行表演,也可以在课文的基础上进行进一步的拓展和延伸。这里以《HSK标准教程》第3册第12课"把重要的东西放在我这儿吧"为例进行说明。本课表演课文的设计如下。

要求:两个人一组,讨论接下来可能会发生什么事。一个人是周经理,一个人是小刚,表演课文"以后的故事"。准备时间5分钟,再上台表演。

提供的词语和句型如下。

词语：护照，机票，手机，钱包，放，送，拿。

句型：①S 把 OV 到……

②S 把 OV 在……

**4. 课堂活动**

课堂活动就是通常所说的任务活动，是对所学语言知识和技能的灵活运用，学生通过小组活动的方式完成特定的、真实的交际任务，有助于他们在设定的语境中综合运用本课学习的语言知识，提高特定的语言技能。课堂活动的任务形式体现了"在做中学"的教学理念，学生在完成任务或活动的过程当中，将学习内容融入生活。下面我们以《HSK 标准教程》第 3 册第 3 课"桌子上放着很多饮料"为例进行说明。

课堂活动：猜猜他（她）是谁。

教师根据教室里的真实情况，让一个同学用"存现句"描述某位同学所在的位置，其他同学猜猜这位同学是谁。

教师先示范，然后让学生之间进行问答。如下：

教师：她的桌子上放着红色的杯子。她的书上放着一支蓝色的笔。她的左边坐着安娜。

学生：是妮娜。

需要注意的是，课堂活动环节可以灵活安排，生词教学和语法教学环节里也可以安排课堂活动，如学习完"把"字句，可以设计这样的任务活动：商量如何为新年晚会布置教室。同学们在商量如何布置教室的时候会用到很多"把"字句。

**（六）课堂小结**

课文教学结束后，教师应将所讲内容进行总结，让学生对刚学的知识有一个完整的印象。同时总结（也是"复现"）新内容，可以加深理解和记忆。总结的方式有很多种，教师可以利用板书或 PPT 带着学生口头复述所学内容，也可以把课文脉络提炼出来，再带领学生回顾。还可以从语段表达的角度对表达顺序、结构句间的关系进行分析总结，梳理出框架，让学生掌握。当然，还可以通过提问，引导学生自己总结。

好的课堂总结可以在课堂教学结束之前形成一个新的小高潮，让学生从疲劳中振作起来，既能唤起学生对本课学习内容的回忆，又检查了学生对这些内容的掌握情况，加深学生对本课重点内容的印象。例如下面"师生问答"式的总结。

教师：今天我们学习了哪几个内容？

学生：学了六个生词。

教师：对，还有呢？

学生：还学了"想起来"和"想出来"的区别。

教师：很好，还有吗？

学生：还学了课文的第1~3段。

教师：做了练习了吗？

学生：做了词语练习、语法练习，我们还读了课文。

教师：你回答得非常好！我们今天学了六个生词，学了语法"想起来"和"想出来"的区别，还学了课文的第1~3段。最后老师还让你们做了练习。今天大家都表现得非常好！

（七）布置作业

教师要重视布置作业，在教学设计中，教师要把它作为一个独立的环节留足时间完成。布置作业的目的在于巩固课堂学习的内容，同时预习新课内容，为学习新课做好准备。

在作业的内容上，首先是完成教材中的课后练习。除了课后练习作业，还有复习和预习，复习是对课堂学习内容的消化和巩固；预习则是为学习新课做准备，要求学生提前学习新课的生词，了解新课的主要内容。

作业形式应该包括口头与书面两种。布置的内容要与第二天检查的内容相一致，做到布置什么检查什么。布置作业时教师一定要将作业的要求说得简明清楚，尤其是对语言水平有限的学生，必要时还要给出示例，让学生容易理解并遵照执行。例如，布置预习的作业：不看拼音读生词(3遍)和课文(2遍)。这个要求就简明清楚。

作业的量要适度，不能过多，操练的内容也要突出本课的教学重点。

除了交纸质作业，还有一些新的布置和提交作业的方式，比如通过电子邮件、微信等提交口语作业的录音、采访的视频等。

另外，还应注意，布置的课外作业一定要与刚学过的内容相关，教师应对作业的要求、交作业的时间等做出具体说明。

### 三、综合课的教学方法

综合课的教学具有综合性，包括语音、词语、语法等语言要素的教学，听、说、读、写语言技能的综合训练，四项技能的训练往往体现在语言要素的教学之中。在初级阶段，综合课的教学方法是在讲授的基础上进行大量的课堂操练，如设置情景进行对话、限定范围进行口头或书面成段表达。在中级阶段，综合课的教学方法是精讲多练，在学懂课文的基础上，着重训练学生遣词造句、进行口语和书面语成段表达的能力。在高级阶段，综合课的教学方法则是以课堂讲练为主，全面训练学生的语言技能，使学生对词语的不同义项有正确的了解并能掌握运用，让学生在熟练运用单句的基础上进一步了解现代汉语语段语篇的特点、句子间的连接方式,并有意识地组织学生进行语段训练,使他们逐步掌握语段表达技能。

因为综合课中的技能训练总是与要素教学融合在一起,因此,我们也要重点讨论语音、词语、语法等语言要素的教学方法与教学技巧。[①]

### (一)语音教学

语音教学在综合课教学中具有重要的地位,发音的好坏决定了一个人的整体语音面貌,因此,不管怎样强调语音教学的重要性都不为过。汉语语音的教学内容包括汉语的声、韵、调,但声、韵、调的教学也只是汉语语音教学的主要内容,除此之外还有轻声、儿化、语调、语气与语流音变等语音成分的教学。朱庆明指出综合课中的语音教学要注意以下几个方面:了解教学对象,确定教学重点,把握语音教学的课堂教学原则;从声、韵、调入手,结合语流训练,辅以语音理论知识的正确指点、教师正确发音、学生自觉地模仿。大量地听、读练习,是语音教学的重要手段。[②]

以上是语音教学的一般性要求。在具体的语音课堂教学中,教师还要根据具体的内容与教学对象使用针对性的教学技巧。声母中比较难的有几对送气音(p、t、k、q、ch、c)、不送气音(b、d、q、j、zh、z)、舌尖前音(z、c、s)与舌尖后音(zh、ch、sh、r)。韵母中较难的有 i 和 ü、前后鼻音韵母以及 er。

具体的语音教学方法与技巧请参考本教材第一章"语音与语音教学"。

### (二)词语教学

词汇是构成语言最基本的材料,扩大词汇量是提高学生听、说、读、写能力的前提,因此,词汇教学是对外汉语教学的重点,也是汉语综合课教学的重要组成部分和重要环节。在综合课教学的语音教学阶段后,词汇教学就显得越来越重要。尤其是到了中、高级阶段,词汇教学是核心问题。因此,研究词汇教学方法与技巧不仅是综合课的教学要求,也是整个对外汉语教学的要求。

词汇教学的具体技巧包括词语展示的技巧、词语解释的技巧以及词语练习的技巧。具体的词语教学方法与技巧请参考本教材第三章"词汇与词汇教学"。

### (三)语法教学

综合课的语法教学,既要使学生了解汉语语法的特点,掌握汉语语法学习的规律,又要让他们尽快学会正确使用汉语,发展他们的言语交际能力,提高他们的汉语水平。

---

[①] 为了确保内容的完整性,本章仅从教学技巧的角度介绍"语音教学""词语教学"与"语法教学",详细内容可以参考第一章、第三章与第四章。

[②] 朱庆明:《试论初级阶段综合课教学规范化》,载于王钟华主编《对外汉语教学初级阶段课程规范》,北京语言文化大学出版社,1999年版。

语法教学的环节包括"语法点的讲解""句型操练""词汇扩展"与"会话练习"。语法教学要注意以下几个方面。

（1）确定讲练比例，理解讲练关系，做到精讲多练。一般情况下，课堂教学中，语法"讲""练"的比例不低于1∶5。

（2）从句型入手，加强语义、用法分析，培养学生真实的交际能力。

（3）淡化语法讲解，加强词汇（主要是虚词）教学，在以句子为中心的语法教学中强调词汇教学、词块教学。在语法教学中，词语搭配、词汇扩展和词语的语用对比是比较实用的词汇教学方法。

在具体的课堂教学中，讲解训练语法可以采取的教学技巧主要有演绎法、归纳法、情景法、对比法、图示法等。具体教学方法与技巧参考本教材第四章"语法与语法教学"。

### 四、综合课教学案例

下面是初级汉语综合课教案，可供参考。

**钥匙忘拔下来了**

**教学对象**：一年级留学生。

**课程类型**：初级综合课。

**所用教材**：《汉语教程（修订本第二册上）》（杨寄洲主编，北京语言大学出版社，2006年）。

**教学时间**：6课时（只展示1~2课时）。

**教学用具**：教室里的地形、物品。

**教学目的和要求**：

（1）通过课文讲解要求学生在理解课文意思的基础上，能流利地朗读课文并背诵。

（2）理解并掌握汉语复合趋向补语的用法。

**教学重点、难点**：

1. 课文

2. 复合趋向补语

**教学环节和教学步骤**：

一、组织教学

（1）简短问好，严定课堂纪律，集中学生的注意力。

（2）检查学生的出勤情况等。

二、复习检查

(1) 针对学生上一课作业中的问题复习前面的内容。

(2) 检查书面作业。

(3) 检查新课的预习情况。

三、学习新课

(一) 学习生词

(1) 听写生词并纠错。

(2) 领读之前听写的生词,然后请学生齐读,再找学生单独读,注意纠正发音和声调。

(3) 生词讲练

教师领读生词,并给出例句,讲解完以后再用该词提问,让学生用该词造句,检查学生接受情况,达到师生互动的目的,并尽可能复现已经学过的词汇。

① **各种各样**:种类很多,不相同的种类。例如:

a. 书店里有各种各样的书。

b. 超市里有各种各样的东西。

② **兴奋**:非常高兴,激动。(老师动作表现)例如:

a. 妈妈说周末带我去北京,我很兴奋。

b. 老师表扬了我,我非常兴奋。

c. 看到书店里有各种各样的书,麦克很兴奋。

③ **抽、挑、选、插、拔、提**等表示动作的词语,教师可以通过动作来展现。组成短语如:从信封里抽出信,在商场挑/选衣服/插花/插钥匙/拔萝卜/拔草/提袋子。

④ **除了……以外**。

a. 意指不只说的这个东西,还有别的,经常使用"除了……以外,还……"格式。例如:

除了买书以外,我还想买一些电影光盘。(书、光盘)

我每天除了上课以外,还要做作业。(上课、做作业)

他除了写小说以外,还写诗。(小说、诗)

b. 表示所说的不计算在内,经常使用"除了……以外,都……"格式。例如:

除了我以外,都是男同学。(我不是男同学)

除了他以外,都唱歌。(他不唱歌)

除了冬天以外,其他季节我都喜欢。(我不喜欢冬天)

⑤于是:一件事接着另一件事发生,后一件事由前一件引起,"于是"用在表示后一件事的句子前面。例如:

a. 他想和我一起去书店,于是我就和他去了。

b. 时间还早,于是我们就去公园了。

⑥拍:拍电影、拍照片(教师可用动作来展示意思)。

⑦根据:以什么事情为基础、依据。例如:

a. 根据小说拍成电影。

b. 根据他说的,我们找到了图书馆。

⑧下:下一学期,下一周,下一年,下一月。

⑨只好:不得不。例如:

a. 明天要下雨,运动会只好取消了。

b. 我不懂英语,只好请他帮助我。

⑩哭笑不得:哭也不好,笑也不好,形容尴尬。例如:

我去商店买东西,突然发现没带钱。这件事真让我哭笑不得。

(二)学习课文

(1) 教师放录音,让学生完整地听一遍课文。

(2) 分组分段朗读,再让学生单独朗读。(断句错误在朗读过程中纠正,语音错误在一个学生朗读完以后纠正)

(3) 学生提出预习课文时遇到的问题。

(4) 全班同学就提出的问题进行讨论。

(5) 老师给出正确的解释。

(6) 老师就课文内容提问,学生回答。

①"我"和麦克星期天做什么了?

②我们买了什么东西?

③我们在吃饭,吃了什么饭?

④为什么我只好爬楼梯?

⑤我为什么"哭笑不得"?

(7) 学生两人一组互相提问。

四、布置作业

(1) 复习本课学的生词,做课后练习。

(2) 熟悉课文内容。

(课文从略)

## 第三节　综合课教学实践

### 一、自主学习

（1）阅读以下相关论著（重点阅读①⑤⑥）。

①李晓琪：《对外汉语综合课教学研究》，商务印书馆，2006年版。

②国家对外汉语教学领导小组办公室：《高等学校外国留学生汉语教学大纲（长期进修）》，北京语言大学出版社，2002年版。

③杨寄洲：《对外汉语教学初级教学大纲》，北京语言大学出版社，1999年版。

④朱庆明：《试论初级阶段综合课教学规范化》，载于王钟华主编《对外汉语教学初级阶段课程规范》，北京语言文化大学出版社，1999年版。

⑤蔡整莹：《初级阶段综合课的性质、目的与任务》，载于李杨主编《对外汉语教学课程研究》，北京语言文化大学出版社，1997年版。

⑥张辉、杨楠：《实用汉语教师培训教材系列：汉语综合课教学法》，北京语言大学出版社，2006年版。

⑦李杨：《对外汉语教学课程研究》，北京语言文化大学出版社，1997年版。

⑧吕必松：《对外汉语教学概论（讲义）》，教育部汉语作为外语教学能力认定工作委员会，1996年版。

⑨盛炎：《语言教学原理》，重庆出版社，1990年版。

⑩赵金铭：《对外汉语教学概论》，商务印书馆，2004年版。

（2）提前观看相关教学录像与慕课，比如可以观看《国际汉语课堂教学案例》初级综合课教学视频。

①《新概念1》第15课"这条红色的裙子好看吗"。

②《成功之路·起步篇2》第25课"我的家乡冬天比北京暖和"。

③《HSK标准教程》第3册第12课"把重要的东西放在我这儿吧"。

（3）组织学生进入对外汉语课堂听课，记录教学过程。

### 二、实践准备

从综合课教材（比如《汉语教程》《发展汉语·初级汉语》《成功之路·顺利篇》等）中选择一课，内容包括课文中的生词、语法和课文。教师根据具体情况对学生进行分组，每组学生选择生词、语法或课文中的一项内容进行备课，撰写2节综合课的教案，并制作课件。

## 三、模拟教学

从各组中挑选代表,针对撰写的 2 节课的教案中的某个语言点在课堂上进行 10 分钟左右的课堂模拟教学展示并录课,老师现场给予评价。没有展示的同学按组在课后录制 10 分钟左右的教学视频提交给老师。老师观看每个教学视频并打分。评价结果作为该课程最终成绩的一部分。

## 四、教学研讨

教学研讨过程中,教师根据学生表现进行评价,结果作为该课最终成绩的一部分。期末成绩的构成可以这样设置:出勤占 10%,实践成绩占 15%,课堂研讨占 15%,期中考试成绩占 20%,期末考试成绩占 40%。

## 五、教学反思

教师根据评价,安排学生回看录课视频,并撰写教学反思。

【课后思考】

(1) 综合课的"综合"指的是什么?请结合具体内容谈谈你的看法。

(2) 综合课中的语言要素教学与技能训练是如何结合的?请举例说明。

(3) 综合课的语言要素教学包括语音教学、词语教学、语法教学与短文教学。请通过阅读文献谈谈短文教学在综合课中的地位以及教学技巧。

(4) 假设你在国外从事汉语教学,教学对象是初级汉语水平的学生。今天的教学内容是"比"字句,课文里的句子是:这里的天气比上海冷。请你给出该语言点的教学设计,并谈谈你会采用哪些具体的教学方法与技巧。

# 第六章 口语课与口语课教学

## 第一节 口语课知识

### 一、口语课的性质

口语课是一门培养学生在实际生活中运用汉语进行口头交际的单项技能训练课,在 20 世纪 80 年代开始作为一种独立的教学形式进入对外汉语教学课程体系。口语是指汉语的口头表达,属于一种"说的汉语",与"看的汉语"——书面语有所不同,因此从综合课中分出口语课非常必要,这也是对外汉语教学学科发展逐步走向成熟的标志之一。

根据教学对象汉语水平的高低,口语课分为初级口语课、中级口语课与高级口语课。阶段不同,教学目标也不同。初级阶段口语课的教学是为了训练和培养学生进行日常会话和一般性交际的能力,着重加强学生的语音语调的训练,培养学生的对话能力和成段表达能力,注重学生口语表达的得体性,逐步培养学生的汉语语感。中级阶段口语课的教学目标是培养和提高学生对汉语日常交际语言的理解能力和表达能力,使学生在日常生活和一般社会交际中能听懂不带关键性生词和较难语法点、语速正常的标准普通话和略带方言的普通话,并能比较流畅、自如地运用所学词语和句式进行日常的口头表达。高级阶段口语课的教学目标是培养学生运用汉语进行高层次口头交际的能力,使学生在未来的工作如洽谈、翻译、公关等实际交际中,能熟练、灵活地运用汉语口语,同时要注重提高学生表达的多样性、适应性及得体性。

### 二、口语课的教学内容

初级阶段口语课的教学内容是设置常见的、实用的、真实的交际情景,教师给出与特定情景相关的常用词语和句式结构,由学生组织句子或语段进行会话。中级阶段口语课的教学内容是让学生由听一般对话逐步过渡到听有一定长度的篇章,使学生掌握日常口语交际中必备的词汇和句式,并能比较正确和熟练的加以运用。高级阶段口语课的教学内容则是让学生先听关于某一方面问题的录音材料,而后在教师指导下就此问题进行讨论。不同教学阶段的口语课教学具有不同的具体内容与教学重点。

(一)初级阶段口语课的教学内容[①]

初级阶段口语课的教学内容主要包括以下五个方面。第一,语言要素:语音、词汇、语言点(语法、功能表达的基本句式、常用的口语表达结构、口语表达的突出特点);第二,交际文化;第三,技能训练:听的训练、读的训练、说的训练;第四,交际技能训练;第五,学习策略的培养。

(二)中级阶段口语课的教学内容[②]

中级阶段口语课教学包括六个方面的内容。

1. 语言要素

第一,语音:重音、节奏、句调;第二,词汇:口语表达中常用的实词、固定短语、常用的虚词和表达结构、起连接作用的词语;第三,语言点:虚词的用法、补语的引申用法、各种关系的复句、口语表达中常用的固定结构和句式、反问句、语段知识、口语表达中的特殊现象。

2. 语言功能项目

3. 交际文化

4. 技能训练

5. 交际技能训练

包括表示赞成、表示异议、表示承接、表示转换、表示补充、表示插话的交际训练。

6. 学习策略

(三)高级阶段口语课的教学内容[③]

高级阶段也包括六个方面的内容。

1. 语言要素

包括语音、词汇、语法、口语格式、复句、语气的表达、语段和语篇教学。

2. 功能项目

3. 文化内容

4. 口语技能训练

---

[①] 蔡整莹:《汉语口语课教学法》,北京语言大学出版社,2009年版,第8-13页。
[②] 蔡整莹:《汉语口语课教学法》,北京语言大学出版社,2009年版,第52-59页。
[③] 蔡整莹:《汉语口语课教学法》,北京语言大学出版社,2009年版,第88-95页。

包括语篇的分析练习、组段成篇的练习、语篇模仿性练习、修改语篇的练习。

5. 口语交际技能训练

包括表达技巧训练:表达策略训练、体态语、思维方式训练。

6. 学习策略

### 三、口语课的教学目标

口语课的教学目标与汉语作为第二语言教学的性质与目的密切相关,汉语作为第二语言教学的目的在于培养学生运用汉语进行交际的能力,而交际能力中最重要的部分则是言语技能,即听、说、读、写的能力。口语课就是专门训练"说"这一单项技能的课程,因此,我们可以说,口语课就是一门单项技能训练课,与"综合课""听力课""阅读课"等共同组成汉语作为第二语言教学课程体系。初级阶段的口语教学目的在于培养学生随想随说,语音、语调正确自如,词汇、语法使用合理恰当,符合汉语的口语表达习惯,使汉语真正成为学生第二个口头交流思想的工具。在教学过程中,教师要善于运用比较、分析、归纳、解释等各种方法,注重培养学生的理解能力、发问能力。经过训练,使学生能够在一个具体的语境中,不间断地说出一段意义连贯、表达完整的话语。

## 第二节 口语课教学

### 一、口语课的教学原则

口语课教学应该坚持贯彻交际性原则。口语课教学是以培养、提高学生运用汉语进行交际的能力为目标的,因此,交际性是口语课教学总的原则。在这个总的原则下,我们还要贯彻以下具体的教学原则。

(1) 由简到繁、由易到难、循序渐进原则。词语、句式、功能点的学习安排与教学应该遵循由简到繁、由易到难的顺序。

(2) 重视教学内容的实用性原则。对外汉语教学语言及内容是汉语普通话,口语课教学目的在于培养留学生的汉语普通话的口头表达能力。汉语的口语与书面语存在较大的差异,普通话与方言间也存在很大不同。因此,教师要注重将最有实用价值的知识传授给学生,尤其是与汉语普通话口头表达密切相关的知识,比如不同的语调、重音、语气在语句中产生的不同作用,还有口语词、短语及惯用语在一定情景下的实际使用等。

(3) 以学生为中心、因材施教原则。不同的教学对象,其文化背景、目标需求和心理需求、学习环境和学习条件是不一样的。对于这些具有不同情况的学生,口语教学应有所侧重,教师要增强教学的针对性。

(4) 精讲多练原则。口语课教学要坚持精讲多练原则,重视提高学生的开口率。练习是巩固、内化知识、提高运用能力的重要方法,有利于促进语言习得。因此,"精讲多练"是第二语言教学的重要原则,体现在口语课教学上则是"精讲多说"。"精讲"指口语课堂上教师所讲的内容应少而精,一般情况下教师的"精讲"不能多于整堂课内容的1/3。教师在课堂上的讲解必须正确、简单、明了,尤其是初级阶段。由于对外汉语教学对象的汉语水平不太高,所以教学内容的通俗易懂便成了一个十分需要注意的方面。"多说"指在教师的引导下进行有目的的口头表达,一般不少于整堂课内容的2/3。大量、有效的练习,可加深学生对所学内容的理解,有助于他们对所学内容的正确运用。

(5) 教学联系学生实际原则。"联系实际"首先是指口语教学使用的词语、句式等不能过于简单,但也不能太难,应该略高于学生的水平。其次教学中的话题要贴近学生的生活实际,能引起学生的共鸣,激发他们主动开口的欲望,从而推动教学的课堂运行。

## 二、口语课的教学环节

口语课是一门以培养学生在实际生活中运用汉语进行口头交际的单项技能训练课。从第二语言教学的顺序来看,口语课堂教学基本上都采取先听说、后读写的方式。对第二语言初学者来讲,学习语言在前,使用语言在后,先输入后输出。汉语口语课要训练学生正确地运用汉语语音、语调、词汇、语法以及各种功能项目,在不同的语境中表达自己的思想。因此,教师应以如何训练"说"这一技能为目标来组织课堂教学,训练和培养学生的口头交际能力。汉语口语课的课堂教学环节包括组织教学、处理生词、学习课文及重点词语用法、做练习、归纳总结与布置作业。

(一) 组织教学

课堂教学的第一个环节是稳定课堂秩序,点名检查学生出勤情况,并引入教学内容。汉语口语引入教学时,教师要尽量做到有的放矢,让学生快速了解即将学习的内容。

(二) 处理生词

教师可以根据事先的安排把生词放在情景会话中自然呈现,确保学生能够准确理解词义。在处理生词的过程中,教师应注意教学生区分书面语词汇与口语词汇。

(三) 学习课文及重点词语用法

**1. 设计情景**

一篇完整的会话课文体现了一个话语功能项目。教师要将整篇口语课文进行重新设计,设计出一个个小情景,以便于讲解与操练。这种做法有利于分散难点,也有利于让学生循序渐进地掌握大的语境中的口语表达技能。

**2. 交际练习**

（1）情景展示。在让学生进行实际训练之前，教师应首先进行每一个情景的演示。演示的方法有三种：其一，教师可利用图片、实物、实景、幻灯、投影仪等进行演示；其二，教师可以先自己同时扮演交际双方 A、B 角色进行演示（教师可利用动作、高低音、指示等方法区别 A、B 角色）；其三，教师也可以与班内交际能力较强、语音语调较好的学生分别扮演 A、B 角色进行演示等。

在该环节中，教师可将情景演示中出现的重点词语、基本句以及特别的口语表达形式等，按口语交际顺序板书在黑板上。

（2）模仿练习。模仿练习可采取多种方式，一般有以下三种情况：其一，教师扮演 A，指定学生扮演 B（或 B，C）；其二，学生扮演 A、B（或 A、B、C）；其三，将学生分成两组或三组，分别扮演 A、B 或 A、B、C。在学生操练过程中，教师适时地提示学生可以使用板书在黑板上的本课重点词语、基本句以及特别的口语表达形式。

（3）朗读课文。模仿练习完成之后，教师可以请学生打开书，学习一下口语会话课文。教师可先带读课文，纠正学生的错误；然后请学生分角色读对话。将技能与语言形式结合起来，帮助学生巩固上述的技能训练。

**3. 重点词语用法与文化知识讲解**

在学习课文时，教师可再次将重点词语及相关文化知识提出来讲解一下。从脱离课本再回到课本，从技能训练回到语言形式讲解，再到具体的语言要素讲解，这样有利于帮助学生全面地掌握口语技能。

（四）做练习

口语课的练习包括词语方面的练习和表达技能方面的练习两种。词语方面的练习，可在学习课文后完成，这样可起到及时巩固所学词语的作用。表达技能方面的练习，或在练习交际时进行，或留给学生自己完成。

（五）归纳总结

当完成了全部教学任务之后，教师可用 2~3 分钟时间，对本课的重点词语、功能项目、文化知识等进行归纳总结，以强调本课所学的内容。对学生在口语表达过程中的优点和不足也应给予点评。

（六）布置作业

最后布置作业，作业应以听说内容为主。

## 三、口语课的教学方法

口语课教学方法的选择与每个教学阶段的任务密切相关。初级阶段口语课的教学方法是让学生在理解的基础上进行模仿练习和自由表达练习,多说多练,提高开口率。中级阶段的口语教学方法是以教师指导学生听录音、听后说、模仿说、自由表达为主,以看录像等电化教学手段为辅,从听、说两种语言技能方面对学生进行系统的训练。高级阶段的口语教学方法是以促进学生主动学习为出发点,确保让学生在课堂上进行"真正的交际活动"。每个阶段都采用三段式教学,即话题引入—深化扩展—实际操练,由听导入说,而后通过多种教学方法使学生掌握语言技能和语言知识。教学方法多种多样,优秀的教师在课前都会根据教学对象的特点认真备课,做好教学设计,在教学过程中根据学生的特点不断地探究新的教学方法,课后反思自己的教学,不断完善自己的教学方法。口语课教学方法具有一定的个性化特点,但其目的都是为了让学生理解、模仿、记忆在某一语境下的汉语表达方式,并最终实现自由运用。

(一)教师演示

对教初级阶段的第二语言学习者的教师来说,运用此法的目的在于提前给学生提供正确的声音模式,以便让学生按照正确的声、韵、调、语气、停顿和重音等进行模仿。因为只有在声、韵、调、语气、停顿和重音等完全正确的前提下,再进行反复的训练才是有效的。

(二)学生模仿

模仿是口语教学中非常重要的方法,初级阶段的学生就是通过不断地模仿从不自由阶段过渡到自由阶段。学生模仿有两种方法,一是教师发音、说词语、说句子,学生模仿,就像幼儿开始学走路一样,教师首先要领学生走一段,让学生跟老师一句一句地模仿。二是教师播放录音,学生模仿。第一种方法教师更容易控制,因此采用第一种方法的较多。模仿可采取"独唱""齐唱"或"轮唱"的方式。在模仿的过程中,老师应注意纠正学生的错音、错调等,确保正确输入。

(三)学生练习

当学生理解、模仿之后,就要让学生大量地、反复地练习说话。为了提高课堂时间的利用率,可以将全班学生分为A、B或A、B、C等不同的角色,并在同一时间内分别轮换扮演不同的角色,练习在某一情景下的会话内容。在此期间,教师要不断地巡听,以便有的放矢地指导学生。

(四)教师提问(问答法)

当教师教完在某一情景下的会话内容之后,为了检查学生是否掌握了该会话内容,教师可采用提问法。提问的方式可由简到繁,由易到难,由表层到深层。提问要不断变换对象,不能集中在少数学生上,尽量照顾到全班学生。

## （五）学生演练（会话）

教师教一段会话的最终目的就是让学生掌握并通过口语表达出来。当学生模仿、练习之后，可以请两个或两个以上的学生扮演不同的角色表演这段会话，这样可以调动学生"说"的积极性，让学生从中体会在该情景下的具体表达方法。

## （六）情景演练

能够顺利完成会话练习并不是口语课的最终目的，教师还应在此基础上通过课堂活动进行拓展性练习，培养学生在真实语境中的汉语口头表达能力。对此，蔡整莹提出了九种口语课的课堂活动：表演型活动、猜测型活动、对比型活动、调查型活动、拼图形活动、解决问题型活动、交换观点型活动、游戏型活动以及综合型活动。① 教师安排课堂活动时可以灵活利用教室中的各种条件，甚至可以对教室里的设备等提前做好安排与布置，设置与课文中相似的情景，要求学生运用刚学习的各种表达进行情景演练。

在演练过程中，学生会出现某些错音、错调及错句等。教师不要急于纠正，可先记下学生的错误，等学生演练完毕后再纠正，这样有利于保护学生"说"的积极性。

## 四、口语课教学案例

下面是一个初级汉语口语课教案，可供参考。

### 打电话

教学对象：初级水平留学生。

所用教材：《汉语口语教程（初级 A 种本上册）》（陈光磊主编，北京语言大学出版社，2000 年）。

教学内容：

（1）学习生词。要求学生在句子中理解词义并能自由运用。

（2）重点词语讲解。要求学生通过练习巩固重点词语，加深记忆，为学习课文做准备。

（3）学习本课语法。讲解内容应由易到难，由肯定到否定，反复练习。

（4）学习课文。讲解内容应包括提示词语，预设语境，给出话题，等等。

（5）练习。要求学生能根据所给情景，运用所学内容进行会话。

教学重点：功能项目"打电话"，教学生如何通过电话与别人进行交际（打电话、接电话）。

学时安排：4 学时。

---

① 蔡整莹：《汉语口语课教学法》，北京语言大学出版社，2009 年版。

**【一、二课时】**

一、组织教学

(1) 简短问好,稳定学生情绪,将他们的注意力吸引到课堂中来。

(2) 检查学生的出勤情况等。

二、导入新课

我们可以采用提问的方式导入新课,比如可以这样提问:

①你经常使用什么方式跟你的爸爸妈妈联系?

②你多长时间给你的女(男)朋友打一次电话?

③你给中国朋友打过电话吗?怎么打的?

④你接过中国朋友的电话吗?怎么接的?

……

然后自然过渡到本课的学习内容上来。

三、处理生词

1. 认读生词

教学过程设计:教师带领学生认读生词。

步骤1:教师领读生词。

步骤2:隐去其中的拼音,让学生读。用教鞭随意指向某个生词,请同学读;边读边纠正发音。

2. 讲解重点词语及操练

教学过程设计:在生词表中依次用矩形框标示出要讲解的重点词语。先显示例句,并讲解、领读,然后通过句型框架让学生进一步练习。

(1) 等:等一下,等一会儿,等一等。

(2) 就:我就来,我就去,老师就来了。

(3) 请:请你回答这个问题,请叫小王接电话,请他来办公室一下。

(4) 在。

①在+地方:我在教室学习,我的同屋在房间睡觉,你在哪儿学习?

②在+动词:马丁在学习太极拳,山本在看电视,你在干什么?

操练要贯穿于词语讲解中,具体词的讲解都可以按照"讲解—操练—检查"来进行。

四、学习课文及口语表达

教学过程设计:学习并练习情景会话"打电话"(见附录(一))。

步骤1:带拼音领读、朗读。用PPT展示课文,教师用教鞭边指边领读,然后让学生读。

步骤2:无拼音领读、朗读。学生分角色念,教师纠音。用PPT展示隐去拼音的对话。

步骤3:教师根据课文框架请同学复述,或提问后请同学回答问题。

PPT显示会话框架:

A:喂,是_____吗?

B:是的,_____?

A:我找张习言教授。

B:_____,我去叫他。

A:谢谢您。

B:张教授,_____。

C:谢谢,_____。

步骤4:让学生在课文框架的提示下复练。

步骤5:将课文框架还原为课文,带领学生朗读;让学生扮演角色朗读。

步骤6:讲解重点句子及中西方打电话的异同。

五、做练习

【三、四课时】[①]

一、学习课文及重点词语用法

教学过程设计:学习并练习情景会话"接电话"(见附录(二))。

步骤1:带拼音领读、朗读。用PPT展示课文,教师用教鞭边指边领读,然后让学生读。

步骤2:无拼音领读、朗读。学生分角色念,教师纠音。用PPT展示隐去拼音的对话。

步骤3:教师根据课文框架请同学复述,或提问后请同学回答问题。用PPT展示会话框架:

A:喂,_____?

B:请叫小王听电话。

A:小王不在。_____?

B:_____,你叫他晚上给我打个电话。

A:好的。

B:谢谢你。_____!

A:_____!

---

① 在正式上课前要花1~2分钟的时间组织教学。

步骤 4:让学生在课文框架的提示下复练。

步骤 5:将课文框架还原为课文,带领学生朗读;让学生扮演角色朗读。

步骤 6:讲解重点句子。

二、做练习

三、归纳总结

(1)"请""就""在"等词语的意思及用法。

(2)打电话的常用语。

(3)接电话的常用语。

(4)中西方打电话方式的异同。

四、布置作业

(1)听对话的录音。

(2)学会如何通过电话与他人用汉语进行交际。以"打(接)电话"为情景,准备两个对话,下次上课时与同桌扮演角色并进行对话。

## 附录

### 对话

(一)

A:喂,是复旦大学中文系吗?

B:是的,您找谁?

A:我找张习言教授。

B:您等一等,我去叫他。

A:谢谢您。

B:张教授,您的电话。

C:谢谢,我就来。

(二)

A:喂,您找谁?

B:请叫小王听电话。

A:小王不在。您找他有事吗?

B:我是老张,你叫他晚上给我打个电话。

A:好的。

B:谢谢你。再见!

A:再见!

## 第三节　口语课教学实践

### 一、自主学习

（1）阅读以下相关论著。

①蔡整莹:《汉语口语课教学法》,北京语言大学出版社,2009年版。

②李晓琪:《对外汉语口语课教学研究》,商务印书馆,2006年版。

③刘晓雨:《对外汉语口语教学研究综述》,《语言教学与研究》,2001年第2期。

④国家对外汉语教学领导小组办公室:《高等学校外国留学生汉语教学大纲（长期进修）》,北京语言大学出版社,2002年版。

⑤吕必松:《对外汉语教学概论（讲义）》,教育部汉语作为外语教学能力认定工作委员会,1996年版。

⑥杨寄洲:《对外汉语教学初级教学大纲》,北京语言大学出版社,1999年版。

⑦赵金铭:《对外汉语教学概论》,商务印书馆,2004年版。

（2）观看相关教学录像或慕课,比如可以观看《汉语课堂教学示范·初级口语课教学DVD》。

（3）组织学生进入对外汉语课堂听课,记录教学过程。

### 二、实践准备

从口语课教材（比如《发展汉语·初级/中级口语》）中选择一课,内容包括课文中的生词、语法和课文。教师根据具体情况把学生分成若干组,每组学生选择某一课中的一个对话进行备课,撰写教案,并制作课件。

### 三、模拟教学

从各组中挑选代表针对某个对话（功能项目）在课堂上进行10分钟左右的课堂模拟教学展示并录课,由老师现场给予评价。没有展示的同学按组在课后录制10分钟左右的教学视频提交给老师。老师观看每个教学视频并打分。评价结果作为该课程最终成绩的一部分。

### 四、教学研讨

教学研讨过程中,教师根据学生表现进行评价,评价结果作为该课最终成绩的一部分。期末成绩的构成可以这样设置:出勤占10%,实践成绩占15%,课堂研讨占15%,期中考试成绩占20%,期末考试成绩占40%。

## 五、教学反思

教师可根据评价安排学生回看录课视频,并撰写教学反思。

【课后思考】

(1) 有人说,口语课教学就是教外国人口语语体的汉语。请结合"拓展阅读"谈谈你的看法。

(2) "综合课"与"口语课"的教学目的与任务不同,但二者有很多联系,请谈谈二者之间的联系。

(3) 综合课中有词语教学,口语课中也有词语教学,请谈谈这两种教学有何区别。

(4) 假设你是一名对外汉语教师,教口语课。你的教学对象是来华学了半年汉语的外国留学生,下面是今天要学习的课文[①]:

A:明子,这件毛衣怎么样?

B:很漂亮。

A:颜色、式样我都很喜欢。

B:你穿上试试。

A:好像小了一点儿。

B:那换件中号的再试试。

A:这件不大不小,正好。

B:那就买这件。

请你针对该课文做一个口语课的教学设计。

---

[①] 陈光磊:《汉语口语教程(初级 A 种本下)》,北京语言大学出版社,2003年版。

# 第七章 听力课与听力课教学

## 第一节 听力课知识

### 一、听力课的性质

与口语课、阅读课等课程一样,听力课也是对外汉语教学中的一门单项技能训练课。20世纪70年代末开始,国外功能教学法的理论对我国的对外汉语教学产生了重大的影响,影响之一就是促使对外汉语课堂教学以及课程体系发生重大变化,开始出现听、说、读、写的分技能训练,并体现在课程设置与教材编写等方面。20世纪80年代初期,分技能教学进一步发展,听力教学逐渐独立为专门课程。[①]

听力理解的本质是人们利用听觉器官对言语信号接收、解码的过程。速度是听力理解至关重要的问题,而接收、解码的速度跟言语信号清晰度有关,跟听觉器官的灵敏度有关,跟已经储存在大脑中的经验成分的数量有关,跟解码操作的熟练程度也有关。因此,杨惠元认为,听力课教学的根本目的就是通过一定的练习和刺激,通过可理解性输入增强储存在大脑中的词汇的可感应性,增强使用语法规则的熟练程度,建立目的语的言语系统,摆脱对母语的依赖性。[②][③]

### 二、听力课的教学任务

杨惠元认为听力课教学的任务体现在以下九个方面。第一,辨音能力(辨别分析能力)。学生首先接受的是一串串语音刺激,再进行初步编码。第二,辨别语句重音和语调的能力。重音、停顿和语调等方面的差别是语言形式配置要素的一个组成部分。第

---

[①] 李晓琪:《对外汉语听力教学研究》,商务印书馆,2006年版。
[②] 杨惠元:《汉语听力说话教学法》,北京语言学院出版社,1996年版,第24-38页。
[③] 杨惠元:《课堂教学理论与实践》,北京语言大学出版社,2007年版,第216-217页。

三,对句法结构形式及其意义的领会能力。这种能力主要靠综合课来获得,但听力课应通过听强化学生对所学语法的理解与运用。特别是对汉语语序与虚词语法手段的特点应有足够的认识。第四,记忆储存能力。听力理解是一系列大脑活动的过程,是注意、记忆、思考、综合判断等过程的总体。在领会的基础上通过听把尽可能多的新信息与储存在大脑中的旧信息联系起来形成新的理解,因此记忆在听力理解过程中占很重要的地位。第五,捕捉主要信息的能力(检索监听能力)。教师要引导学生把握汉语遣词造句的规律,正确认识核心信息及有用信息,识别多余信息,更重要的是捕捉话语核心信息,关键在于把握名词和动词,虚词次之。第六,抓细节的精听能力(边听边记能力)。这是在捕捉核心信息能力基础上更高层次的听力技能。在一闪即过的语流中听者不可能记住全部细节,因此要在听力训练中培养学生边听边记的习惯,防止学生只听不动笔。第七,联想和预测能力(联想猜测能力)。第八,快速反馈能力(听后模仿能力)。第九,概括总结能力。概括总结能力的培养,即抓要点的训练,应该从一开始就强调,并且要贯彻听力教学的始终。所谓要点包括两个方面,一是语言材料的主要内容,二是主要内容所蕴含的深层意义,即中心意思或主题思想。抓要点的练习可以从单句训练开始,再过渡到成段的话语,最后训练学生概括总结全篇的主要内容和中心思想的能力。

听力课的教学内容因教学阶段的不同而有所侧重。初级阶段的教学内容要配合综合课的语音、语法、词汇等,采用单句、对话及短文形式,以日常生活和交际情境为主。在中级阶段,听力与口语要合并设课,教学内容是由听一般的对话逐步过渡到听有一定长度的篇章,使学生掌握日常口语交际中必备的词汇和句式,并能比较正确和熟练地运用。到了高级阶段,由于对学生读写能力的要求逐步提高,一般不设置单独的高级听力课。

### 三、听力课的教学目标

听力课的目的是培养学生在言语交际中听音理解的能力。听力是语言交际能力的重要组成部分。听音理解能力是一种由听力速度、记忆、判断、概括等紧密联系在一起的综合能力,是对语音、语法及词汇的综合运用。听力课的教学目标与教学任务密切相关,教师通过引导学生完成各项听力训练任务,帮助学生获得汉语的听音理解能力。杨惠元认为,听力课教学有三个目的。[①]

(1)训练学生听觉器官的灵敏度,使其能够快速准确地辨析语言信号。

(2)帮助学生吸收尽可能多语言要素,并且作为经验成分储存在他们的大脑记忆库中。

---

① 杨惠元:《课堂教学理论与实践》,北京语言大学出版社,2007年版,第217页。

（3）通过大量和反复输入语言信号，训练学生的聆听理解微技能，提高其接收解码的熟练程度，激活学生的听觉语言中枢。

## 第二节 听力课教学

### 一、听力课的教学原则

卢福波认为，初级阶段的听力课教学要坚持贯彻"实用性""多样性"与"立体性"三条原则。"实用性"是针对听力材料而言的，"多样性"是针对教学方式与教学方法而言的，而"立体性"则是针对课堂结构而言的。[①] 刘琨认为，在中级汉语听力课堂教学中，教师讲解是一个非常重要的环节，教师讲解应遵循引导性、针对性、有效性等几个基本原则。[②] 实际上，不管哪个阶段的听力课，都应该坚持贯彻精讲多听的总原则。因此，听力课应设计、安排多种多样的听力练习，主要包括"语音练习""词义理解练习"与"语义理解练习"。

在初级阶段，听力课的教学方法是让学生在教师指导下听录音并做练习，精讲多听，逐步提高学生的听力速度。在中级阶段，听力与口语要合并设课，教学方法是以教师指导学生听录音、听后说、模仿说、自由表达为主，以看录像等电化教学手段为辅，在听、说两种语言技能方面对学生进行系统的训练。到了高级阶段，社交需求对学生的读写能力提出了更高的要求，因此，教学大纲没有设置专门的高级听力课。

### 二、听力课的教学环节

听力课属于专项技能课，听力技能训练课是四项分技能训练课之一。与说、写相比较，听与读一样属于"输入"范畴。只有听得好，才能说得好。如果把教学单位时间（两节课）作为一个教学单位的话，课堂教学可以有开头、展开和总结三个环节；如果把每一课的内容作为一个教学单位的话，则可以有复习旧知识、学习生词、听正文、做练习、总结五个教学环节。听力课教学程序会因教学阶段不同而略有差异。

#### （一）初级阶段

初级阶段的教学要按照"复习旧知识—学习生词—听正文—做练习—总结"五个环节进行，不过在实际操作上往往将这五个环节归并为三个环节：复习旧知识、学习生词

---

[①] 卢福波：《基础汉语听力课教学的三项基本原则》，《辽宁师范大学学报（社会科学版）》，1992年第6期。

[②] 刘琨：《中级汉语听力教学中教师讲解的原则和方法》，《西安电子科技大学学报（社会科学版）》，2011年第6期。

并听正文、做练习并总结。其中,第一个环节是采用以旧带新的方式学习词语。三个环节中,第二环节最为重要,它是一节课的核心。正文一般会听三遍。第一遍听录音,是粗听理解大意,要求学生注意检索主要信息,概括大意,指出人物关系与谈论事件。教师可以根据录音提问让学生回答。第二遍听录音是精听、抓细节,捕捉关键信息,听后做练习。第三遍听后口头复述大意,这样可以训练学生转述信息的能力。根据实际情况,可以重听重点与难点,听后做练习。

（二）中高级阶段

中级阶段的听力课文一般较长,课堂教学中,可以按照自然段落将课文分为几个部分,相应的,生词与练习也可分为几个部分,以一个部分或几个部分为一个环节,然后逐一完成教学环节。如下：

第一环节：生词—课文—练习。

第二环节：生词—课文—练习。

第三环节：生词—课文—练习。

……

## 三、听力课的教学方法

为了达到听力课的教学目标,我们必须采取科学、有效的教学方法对学生进行听力训练。听力理解的训练过程分为"语音阶段""单句阶段""对话阶段""短文阶段""使用声像资料""使用实际语料"等六个阶段,但概括起来,主要涉及三个方面的训练,即汉语语音识别训练、词义识别训练和句子理解训练。

（一）语音识别训练方法

汉语语音包括声母、韵母、声调、音节、连读、重音、停顿、语调以及语气等,这些也是语音训练的基本内容。语音识别训练的方法有很多,常见方法如下。

**1. 学生模仿**

掌握标准的汉语发音是说好汉语的基础,因此,在汉语学习的起始阶段,也就是语音阶段,应要求学生多模仿汉语的标准发音,根据录音或者教师的发音进行反复模仿,比如跟着录音或老师唱读声母、韵母、音节,唱读四声；进行音节的听读辨调,如 bā-bà、dǎ-tǎ、gē-kē、pā-fā 等；听读词语,如 fēnkāi、kāimén、bēifèn、nǚ'ér、pútao 等。在学生模仿的过程中,教师要注意学生模仿是否到位,发现错误后寻找适当时机进行纠正。

**2. 听练结合**

学生通过模仿基本上了解了汉语拼音的发音特点,教师还需要通过设计练习帮助他们巩固,比如可以设计语音练习：听音节填声母,如 (zh)ǐdào、(c)áinéng、sī(j)ī、(r)ìlì

等;听音节填韵母与声调,如 c(i)j(i)、l(ǎo)h(ǔ)、b(ěi)h(ǎi)、b(ing)l(ěng);听后选择音节;听后写出音节;等等。

## (二) 词义识别训练方法

词义识别是指理解一句话中某个词的词义。一般情况下,训练所用的词都是刚学过的词语,这种训练是为了进一步巩固学生对这些词语的掌握情况。比如看图片说词语;听后选择你听到的词语。例如:

①我住留学生宿舍14号楼。

A.14号　B.40号

②你是哪国人?

A.美国　B.哪国

另外,还有一种常见的词义练习方式,即在两个句子里设置近音词,听后选择听到的词语。例如:

①录音:留学生宿舍在图书馆的南边。问:留学生宿舍在图书馆哪边?

A.南边　B.前边

②录音:我习惯吃中国饺子。问:她_____?

A.喜欢吃中国饺子　B.习惯吃中国饺子

## (三) 句子理解训练方法

句子是最小的交际单位,句子的理解练习是一种综合练习,也是听力练习最重要的环节。常见的练习方法有听后回答问题、听后讨论或辩论、听后填图表,等等。

**1. 听后回答问题**

这是最常见的练习方法,但也须注意,听后回答问题不是简单地听录音对答案,也需要精心设计。听后回答问题,可以有多种形式,比如听后选择你听到的词语;听后选择你听到的句子;听后填空;听后判断正误,等等。一般情况下,初级第二个学期或中级阶段的听力短文由十几个句子组成或者是由五六个话轮组成的对话。在播放录音前,教师要提醒学生如何边听边记,把关键信息记下来,如人物、时间、地点等信息。然后根据情况播放三遍录音。如果有的问题大部分学生都不会回答,可以再播放一遍。对于稍微复杂的录音材料,教师也可以先将问题告诉学生,然后让学生带着问题听录音。

**2. 听后讨论**

这种练习一般安排在中高级阶段,此阶段的学生已经具备一定的汉语表达能力,能够针对一些问题用汉语表达自己的看法。这种练习有助于培养学生联句成篇的能力。该练习涉及的录音材料一般是一个含有不同看法的文章或者对话,听后要求学生发表

自己的看法,并阐述自己的理由。例如:

①录音材料的内容是两位留学生在聊自己喜欢的季节。(具体内容略)

练习的问题是:你喜欢哪个季节?为什么呢?

②录音材料的内容是三位留学生在宿舍里谈各自学习汉语的经验。(具体内容略)

练习的问题是:你什么时候开始学习汉语的?你平时学习汉语用的什么方法?你觉得塔克的学习方法怎么样?你认为学习汉语最好的方法是什么?为什么?

在高级阶段,还可以考虑设置听后辩论的练习。

### 3. 听后填图表

这种练习目的在于培养学生"抓关键"的听力能力。填图与填表练习不仅是检查学生对整个录音材料内容的把握能力,同时也是培养学生抓细节的能力。例如:

录音材料的内容是介绍一所大学的校园。(具体内容略)

练习的问题是:听完录音,请在图 7-1 所示的地图中标出留学生宿舍楼与图书馆。

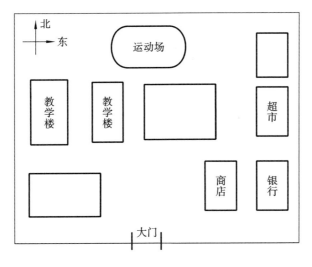

图 7-1　学校地图

在设计该练习时,不管是填图还是填表,教师要注意:填写的空格数量要比答案多;如果学生回答问题有困难,教师也可以带着学生一起"复述"录音内容;帮助个别有困难的学生在记忆中搜索相关答案。

## 四、听力课教学案例

下面是一个初级听力课教案,供大家参考。

### 第十一课

**教学对象**:一年级外国留学生。

**课程类型**：初级听力课。

**所用教材**：《汉语听力教程(修订本)》第二册，杨寄洲主编，北京语言大学出版社，2010年版。

**教学时间**：90分钟。

**教学目标**：

一、语言知识

（1）语音方面。使学生能正确辨析教材中的近似词语的不同声调；掌握句中的停顿，并能正确理解句义。

（2）词汇方面。使学生能正确理解"条子""分手"等词语在对话中的意思。

（3）语法方面。使学生能正确掌握"越……越……"格式的用法，并能理解"就没有……的?""行了,你可……""……也没什么"等所表达的话语意义。

二、听力技能

通过对语言知识的学习,提高学生理解实际句义的能力。

**教学重点**：

"越……越……""就没有……的?""行了,你可……""……也没什么"等所表达的话语意义。

**【第一课时】**

一、组织教学

（1）简短问好,严定课堂纪律,集中学生的注意力。

（2）检查学生的出勤情况等。

二、导入新课

采用提问的方式导入新课。内容或话题可涉及中学生谈恋爱的问题。师生对话尽量使用教师板书内容。

（1）词语：男生、女生、递条子、谈恋爱、分手。

（2）语法：越……越……

　　　　　就没有……的?

　　　　　行了,你可……

　　　　　……也没什么

三、学习新课

1. 听句子

2. 听较短对话

## 【第二课时】①

一、学习新课

(1) 学习较长对话中的生词(不逐个讲解)：期中、名、期末、递、条子、女生、男生。

(2) 听第一遍较长对话录音检索主要信息，概括大意，指出人物关系与谈论事件。听完对话后做判断题练习。

(3) 听第二遍录音。听完后做选择题练习。

(4) 教师板书"越……越……""就没有……的？""行了，你可……""……也没什么"等句式和重点句子，并加以讲解。教师板书这些句式和句子。

(5) 学习短文生词并听第一遍短文录音。教师板书生词：三星级酒店、有意者。让学生听录音，注意关键词，要求学生边听边记，记下关键词。听后做练习：判断正误。

(6) 语音语调练习。听后选择听到的句子。让学生听句子，教师根据重音提问。

二、复习小结

领读板书的重点，然后跟学生一起回忆录音中的相关的句子。

三、布置作业

用"越……越……""就没有……的？""行了，你可……""……也没什么"这些格式写句子。

### 附录（录音文本）

#### 儿子的初恋

母亲：最近功课怎么样？

儿子：期中考试刚考完，外语没考好，可能是第四名吧。

母亲：这可不行，期末一定得考好点儿。最近我听说你们班有"递条子"的事，是吗？

儿子：是有，我没递过。

母亲：真没有？听说你们班上的漂亮女生不少，就没有一个你喜欢的？

儿子：真没有！没一个我喜欢的。

母亲：行了，你可骗不了你妈，是不是做你对面的小婉？我常看见你们在一起。

儿子：她？还不如她呢？

母亲：她，她是谁？

儿子：都分手好久了。妈，你就别问了，我们说点儿别的吧。

母亲：不行，我是你妈，什么事不能告诉你妈呢？

儿子：咳，也没有什么，只是小时候在一起玩儿，后来她和她爸妈出国了，就没再

---

① 在上课前会用1～2分钟的时间组织教学。

回来。

母亲:说了半天,你还没告诉我她是谁呢。

儿子:就是隔壁的小玲。

母亲:哦,她爷爷是我们学校校长。已经过去了,你以后别再想那么多了,学习好是最重要的。

## 第三节　听力课教学实践

### 一、自主学习

(1) 阅读相关论著。

①国家对外汉语教学领导小组办公室:《高等学校外国留学生汉语教学大纲(长期进修)》,北京语言大学出版社,2002年版。

②胡波:《汉语听力课教学法》,北京语言大学出版社,2007年版。

③李晓琪:《对外汉语听力教学研究》,商务印书馆,2006年版。

④李杨:《对外汉语教学课程研究》,北京语言文化大学出版社,1997年版。

⑤吕必松:《对外汉语教学概论(讲义)》,教育部汉语作为外语教学能力认定工作委员会,1996年版。

⑥盛炎:《语言教学原理》,重庆出版社,1990年版。

⑦杨惠元:《汉语听力说话教学法》,北京语言学院出版社,1996年版。

⑧杨惠元:《课堂教学理论与实践》,北京语言大学出版社,2007年版。

⑨杨寄洲:《对外汉语教学初级教学大纲》,北京语言大学出版社,1999年版。

⑩赵金铭:《对外汉语教学概论》,商务印书馆,2004年版。

⑪朱庆明:《对外汉语教学初级阶段课程规范》,北京语言文化大学出版社,1999年版。

(2) 观看相关教学录像或慕课,比如可以观看《汉语课堂教学示范·初级听力课教学DVD》。

(3) 进入对外汉语听力课堂听课,记录教学过程。

### 二、实践准备

从听力课教材(比如《发展汉语·初级/中级听力》)中选择一课,内容包括课文中的生词、听句子和听课文。教师根据具体情况把学生分成若干组,每组学生选择一课中的一个对话进行备课,撰写教案,并制作课件。

## 三、模拟教学

请学生进行 10 分钟左右的课堂教学展示并录课,老师现场给予评价。没有展示的同学按组在课后录制 10 分钟左右的教学视频提交给老师。老师观看每个教学视频并打分。评价结果作为该课程最终成绩的一部分。

## 四、教学研讨

教师组织学生进行教学研讨并评价,形成的实践成绩作为期末成绩的一部分。

## 五、教学反思

教师根据评价安排学生回看录课视频,并撰写教学反思。

【课后思考】

(1) 听力课与口语课都属于单项技能课,分别训练"听"与"说"两项技能。请谈谈二者之间有什么联系。

(2) 综合课是一门综合语言技能训练课,而听力课则属于单项技能训练课。在具体的教学中,听力课教学如何与综合课教学形成互补配合呢?

(3) 下面是初级听力课中的一篇听力课文,语言点是副词"才"和"就"。课文如下。

爱云和她先生通过一家中介公司租了一套两室一厅的公寓。这个公寓的房租很便宜,但离爱云学校和她先生的公司都很远。爱云坐公共汽车要一个多小时才能到学校,她先生开车到公司也得 40 分钟。他们住了半年以后,决定搬家。于是,他们又来到了这家中介公司,请中介公司帮助再找一套公寓。这家公司很快又帮他们找到了一套。新找的公寓离爱云的学校很近,坐公共汽车二十分钟就到了,离她先生的公司也不远,但房租很贵。中介公司的人问他们,是租还是不租呢?爱云说他们还没想好呢。[①]

请问,如果这是初级听力课的一篇课文,如何安排它的教学环节?选择什么教学方法?请针对该短文进行听力课教学设计。

---

① 张风格:《发展汉语·初级听力(Ⅱ)》,北京语言大学出版社,2011 年版,第 8 课。

# 第八章 阅读课与阅读课教学

## 第一节 阅读课知识

### 一、阅读课的性质

与口语课、听力课一样,阅读课也是对外汉语教学中的一门单项技能训练课,是专门训练学习者汉语阅读能力的单项技能课。阅读是一种复杂的生理和心理活动。阅读的心理活动主要是指调动存在大脑中的语言知识,与视觉器官接收的文字符号相印证,并进行识别、推断和匹配,以达到对文字材料的理解。生理活动则主要是指通过眼球运动去感知文字符号。① 汉语阅读课教学是帮助学生增加可理解性输入、巩固所学的语言知识、扩展并积累词汇、训练阅读技巧、培养阅读习惯,并逐步获得独立阅读能力的必要途径。

### 二、阅读课的教学任务

对外汉语阅读能力的培养与形成需要一个循序渐进的过程。国家对外汉语教学领导小组办公室制定的《汉语水平等级标准与语法等级大纲》把阅读分为初级、中级、高级三个阶段。这三个阶段的教学任务并非完全孤立,虽然各自侧重培养的内容不同,有的地方甚至因为教学需要出现交叉重复,但是三个阶段在任务和内容方面是前后衔接的。

（一）初级阶段阅读课教学任务

初级阶段的汉语学习者的汉语水平较低,学生大脑中的汉语"词库"正在建立,词汇量非常小,阅读课不能完全脱离综合课。初级阶段的阅读教学主要是在配合综合课的基础上加强汉字、词语和简单句子的识别,培养认读和理解能力,以汉字和词语的学习

---

① 吕必松:《对外汉语教学概论(讲义)(续十五)》,《世界汉语教学》,1996年第2期。

为重点。

## （二）中级阶段阅读课教学任务

中级阶段是全面训练阅读能力的阶段，这个时期阅读课教学的内容比较多，主要体现在对精读和速读的要求上。教师可以通过加大阅读量，在字、词、句和语篇等方面对学生进行针对性的训练，以此培养语言学习者的阅读习惯，以及借助上下文语境对词义、句义、语篇义进行推断和理解的能力。

这一阶段的教学任务除了介绍词语构造规律，还包括：介绍词义的组合和聚合，引导学生对字词进行总结性学习；加强学生对句子的理解，包括表层结构向深层结构的转换；让学生掌握变长句为短句来理解意义的方法；使学生能根据句子中的关联词语理解复句之间的关系；使学生能结合上下文语境内容理解难句的意义。

阅读技巧的训练也是这一阶段的主要内容。根据方式和目标的不同，阅读分为五类：跳读、略读、查读、通读、细读。跳读是指翻阅书刊目录、浏览报纸标题以选择阅读篇目的过程，目的是了解书刊及报纸的大致内容，寻找自己可读的东西。略读是指粗略地翻看，迅速获取文章的中心思想和段落大意。查读是指在较多的阅读资料中迅速找到对自己有用的信息，查读带有明显的目的性和针对性。通读是指把文章从头到尾大致读一遍，抓住文章的主要观点。细读是指逐字逐句地阅读，对一些关键词、句要仔细推敲，不仅要把握文章的表层意思，还要把握其深层内涵，细读其实就是精读。

这一阶段阅读技巧训练重在训练跳读、略读、查读及通读的能力，加强阅读速读的训练。

## （三）高级阶段的阅读课教学

这一阶段的学生能够快速阅读与课文难度相当的各类文章，并且能够快速查找相关信息、概括要点、提炼主题，能够借助工具书独立扫除阅读材料中出现的语言和文化知识方面的障碍，能了解不同文体的阅读材料，包括叙事、说明、议论、应用文体等风格特点和阅读方法，还能选择当前的时事新闻、社会热点问题进行学习和讨论。因此，根据阅读教学的任务和内容的特点，汉语阅读课教学的总体目标和内容可以分为汉语语言知识的学习和汉语阅读能力的培养。

**1. 语言知识的学习**

（1）辨认汉字的形、音、义。

（2）认知词语的结构、功能和语义。

（3）分析句子的表层结构与深层结构，理解常用句式、语气和语调。

（4）理解语篇的结构、衔接手段，把握语篇的主题。

**2. 阅读能力的培养**

(1) 掌握精读、略读、查读、速读等多种阅读方式。

(2) 熟悉工具书的使用方法,具备借助工具书阅读课外材料的能力。

(3) 了解不同语体风格、不同文学体裁的阅读方法。

### 三、阅读课的教学目标

关于阅读课的教学目标,《对外汉语教学初级阶段课程规范》中明确指出:阅读课是为配合综合课(传统意义上的精读课)的教学而设立的技能训练课。学生通过大量的阅读实践,逐步积累汉语阅读的经验,使学到的语言知识最终转化为言语能力。[①] 由此可见,汉语阅读课教学的目标不仅是培养或建立学生的个人语言系统,还要培养学生理解话语以及文本等提供的诸种信息的能力,通过扩展词汇量提高第二语言的阅读技能,巩固第二语言知识并提高语言水平。

(一) 阅读训练的具体目标[②]

**1. 培养阅读理解能力**

该能力是指读懂所读材料的能力,也就是掌握所读材料的意思的能力,包括对字、词、段落、篇章的理解能力。第二语言的阅读能力必须通过专门的阅读训练来获得。

**2. 培养阅读技巧**

人们的阅读往往有不同的目的,目的不同,采取的阅读方法也不同。如果是为了消遣,比如看文艺作品,可以粗读也可以细读;如果是查找某个信息,那么可以扫读;如果是为了掌握文章中内容,则需要细读、精读。阅读训练的任务之一就是培养这些阅读技巧。

**3. 通过培养阅读能力来全面提高学生的语言水平**

学生在阅读训练的过程中可以巩固已学过的字、词和语法点,接触并尽可能多地吸收一些新的字、词、语法点以及一些文化知识,这些知识也可以用于听、说、写,从而提高学生的听、说、写的能力,进而促进学生语言水平的全面提高。

阅读课训练的重点主要体现在三个方面。[③]

(1) 积累知识,增加大脑中有关汉语的经验成分。如:认读汉字词语,扩大词汇量;掌握词语词、句与句之间的关系,提高语言理解能力;加强文化背景知识的输入。

(2) 理解准确性训练。如:识别字词,识别生词,理解长句,理解语段。

---

① 王钟华:《对外汉语教学初级阶段课程规范》,北京语言大学出版社,1999年版。
② 吕必松:《对外汉语教学概论(讲义)(续十五)》,《世界汉语教学》,1996年第2期。
③ 杨惠元:《课堂教学理论与实践》,北京语言大学出版社,2007年版,第253-255页。

(3) 理解速度训练。如:猜测词义、句义,跳跃障碍;获取语段和语篇的主要意思;完成检索任务。

(二) 不同阶段的阅读课的教学目标

**1. 初等阶段阅读的教学目标**

使学生能根据汉语拼音比较准确地读出汉字的读音,能借助词典阅读已学词汇占内容 80% 以上的文章,并准确概括出文章的意思;在无词典的情况下,能克服非关键性文字障碍,理解已学词汇占主要内容 90% 以上的文章;阅读速度达到 90～110 字/分钟。

**2. 中等阶段阅读的教学目标**

使学生能基本读懂一定工作范围内的应用文章、一般性科普文章、新闻报道、大学入系的基础课程教材等,速度为 120～150 字/分钟;具有跳跃障碍、了解大意、查找信息、吸收新词语的能力。

**3. 高等阶段阅读的教学目标**

使学生能读懂生词不超过 4%、内容较为复杂、语言结构较难的原文,并能较为准确地理解文章中的深层含义;能借助工具书读懂一定范围内的工作文件和报刊上的一般性文章;有较强的快速阅读和查找信息的能力,阅读速度为 200～260 字/分钟;有较强的跳读、猜读和概括提炼的能力。

## 第二节　阅读课教学

### 一、阅读课的教学原则

阅读课教学要遵循四个原则:实践性原则,实用性原则,由易到难、循序渐进的原则以及以学生为中心的原则。

(一) 实践性原则

阅读课不是语言知识讲授课,而是实践性很强的语言技能训练课,因此,阅读课教学要围绕着"阅读"来展开。教学环节的设计、教材的编写与选择、教学方法的选用、教学效果的检查与评价等,都要从阅读课的课程特点来考虑。

(二) 实用性原则

第二语言教学的主要目的在于培养学习者运用目的语进行交际的能力。因此,教学内容的设计及教学安排要考虑实用性,内容应该是鲜活的、真实的、自然的,还要贴近学生的生活与专业学习。阅读材料的选取要尽量真实,贴近学生的生活实际,符合学生的汉语水平。

(三)由易到难、循序渐进原则

由易到难、循序渐进是外语教学的重要原则,对外汉语阅读课教学当然也应遵循这个大的原则。阅读教学是一个不断积累的过程,教师不能一开始就贪求学生能阅读长篇大论和专业领域的论文,这是不现实的。作为汉语教师,我们应该按照教学大纲的规定,从读字句开始,在不断扩大词汇量的基础上,一步一步向短文阅读、专业领域论文阅读迈进。

(四)以学生为中心原则

学生是阅读过程的真正主体,是教学实践和认识活动的承担者。教师是这一过程的设计者、指导者,其作用是辅助性的。阅读是学生主动的、独立的活动,不能也不应该由教师包办代替。

## 二、阅读课的教学环节

阅读课的教学环节主要包括:组织教学,导入新课,处理生词,处理课文,完成练习,布置作业。阅读课的每个教学环节都具有不同的教学方法与技巧,在下面的阅读课教学方法介绍中有教学环节的具体呈现。

## 三、阅读课的教学方法

阅读课在不同教学阶段有不同的教学重点,因此教学也应该采取不同的方法。[①]

(一)初级阶段的训练

重点是识字训练和词语理解训练。在对外汉语教学中阅读训练必须从识字训练开始,必须把识字训练作为阅读训练第一阶段的主要内容之一。汉字教学必须跟词语教学相结合。词语训练常见的方法有以下四种。

(1)组词练习。用学过的汉字组成双字词和多字词,使学生养成识别词的能力和以词为单位进行阅读的能力。

(2)分词阅读练习。即在阅读短语和句子时,在词与词之间做上记号,目的也是使学生养成识别词的能力和以词为单位进行阅读的能力。

(3)朗读练习。在初级阶段,朗读练习以培养阅读能力为目的。

(4)组句练习。即把有关句子中的词或短语分别写在纸片上,先分别向学生展示,

---

① 吕必松:《对外汉语教学概论(讲义)》,教育部汉语作为外语教学能力认定工作委员办公室,1996年版,第95-96页。

让学生朗读,然后按照这些词或短语在句子中排列的顺序,增加同时展示的词或短语的数量,要求学生快速朗读。这种练习可以为培养学生的快速阅读能力打下基础。

### (二) 中级阶段的阅读训练

这是阅读能力全面训练的阶段,主要的训练内容和方法有以下几种。

(1) 继续进行识字和词语理解训练。

(2) 突出语法(组词成句、组句成篇的规则)训练。

(3) 加强文化知识的介绍。

(4) 培养学生猜测、推断能力。

(5) 培养学生"抓关键、跳障碍"的技巧。

### (三) 高级阶段的阅读训练

通过前两个阶段的训练,学生已具备了基本的阅读能力。高级阶段仍然要进行上面所说的那些基本训练,但是选择阅读材料时要充分考虑文体和专业阅读的需要。

## 四、阅读课教学案例

下面是一个初级阅读课的教案,供大家参考。

### 第二十二课

**教学对象**:初级水平留学生。

**所用教材**:《汉语阅读教程》第一册(彭志平编,北京语言大学出版社,1999 年)。

**教学内容**:

(1) 学习汉字。要求学生掌握本课汉字的形、音、义以及字的常用扩展。

(2) 学习生词。要求学生掌握生词的形、音、义,为学习课文做准备。

(3) 学习本课语法:太……了,有点儿……,……一点儿,不……不……。

(4) 学习课文。围绕"描述评价事物"的功能项目对学生进行阅读能力的培养。

(5) 练习。

**教学重点**:

(1) 学习本篇文章,提高阅读理解能力。

(2) 通过对本课的学习,了解在中国商店购物方面的知识。

学时安排:2 学时(90 分钟)。

### 【第一课时】

一、组织教学、导入新课

稳定课堂秩序,点名检查学生出勤情况。导入新课。

## 二、处理生字

用PPT呈现本课的生字。通过"字—词—短语—句子"来展示生字的意思。

| | | |
|---|---|---|
| 皮、鞋 | 皮鞋 | pí xié |
| 可、以 | 可以 | kě yǐ |
| 当、然 | 当然 | dāng rán |
| 深、色 | 深色 | shēn sè |
| 浅、色 | 浅色 | qiǎn sè |
| 合、适 | 合适 | hé shì |
| 太、短 | 太短 | tài duǎn |
| 太、长 | 太长 | tài cháng |
| 太、深 | 太深 | tài shēn |
| 太、浅 | 太浅 | tài qiǎn |
| 太、肥 | 太肥 | tài féi |
| 太、瘦 | 太瘦 | tài shòu |
| 这、种 | 这种 | zhè zhǒng |
| 试、试 | 试试 | shì shi |

重点词语：试、合适、小。通过扩展帮助学生加深对词义及用法的记忆。

①试：试试—试试这件衣服—您试试这件衣服。

②合适：很合适—这件衣服很合适—这件衣服不长不短很合适。

③小：有点儿小—这件衣服有点儿小。

在生字教学过程中，教师要注意使用学生已经学过的词语，以帮助学生掌握汉字的形音义及用法。同时将本课的用法也融汇进去。例如：

①太……了：太漂亮了、太好了、太好吃了、太贵了、太热了、太深了。

②有点儿……：有点儿贵、有点儿热、有点儿小。

③……一点儿：能便宜点儿吗？有小一点儿的吗？

④不……不……：不冷不热，真舒服！不长不短很合适。

## 三、做练习

## 四、处理课文

(1) 教师朗读课文（会话）放录音，使学生对课文的内容有大致的了解。

(2) 教师向学生了解他们的感受，让学生知道这个会话是讲什么的？会话中的人在干什么？用PPT呈现会话，并将会话中的生词刷红或加黑进行凸显。

(3) 简单解释生词（长短、可以、样子、漂亮、穿）。

(4)学生阅读会话,教师检查。

①谁晚上去看朋友?

玛丽去看朋友。(见附录"会话"情景介绍部分)

②玛丽晚上穿什么颜色的衣服?

浅蓝色的。(见附录"会话"倒数 1~3 行)

③红颜色的衣服合适吗?

不合适,太红了。(见附录"会话"第 4 行)

**【第二课时】**

一、组织教学:简单回顾上一节课的内容,并介绍本节课的学习内容。

二、处理课文

(1)教师朗读课文(见附录"短文")放录音,使学生对课文的内容有大致的了解。

(2)教师向学生了解他们的感受,让学生知道这个短文讲的是什么?什么商店可以讨价还价?用 PPT 呈现短文,并将短文中的生词刷红或加黑进行凸显。

(3)简单解释生词(买到、服装、生产、售货员、花)。

(4)学生阅读短文,教师检查。读后判断正误。

①在上海只能买到中国生产的衣服。(×)

②大商店里的衣服都很贵。(√)

③上海小商店的衣服又便宜又好看。(√)

④在上海可以买到法国和日本的衣服。(√)

三、做练习

四、归纳总结:从生字、词语、语法、课文等方面进行归纳总结。

五、布置作业:做课外练习 1~4;做一些与课文有关的拓展阅读。

**附录**

**课文**

1. 会话

(玛丽晚上要去看朋友,她在找一件合适的衣服)

玛丽:山田,你看这件衣服怎么样?

山田:不好,颜色太深了。

玛丽:这件红色的怎么样?

山田:长短还可以,是不是太红了?

玛丽:这件颜色呢?

山田：有点儿小。

玛丽：这件浅蓝色的行吗？

山田：行，不长不短，颜色好，样子也很漂亮。穿这件吧！

玛丽：行，穿这件。

2. 短文

你知道吗？

在上海，很多大商店里都可以买到法国、意大利、美国、日本的服装，好看的衣服真多，红红绿绿的，你真不知道买哪一件好。这些商店的衣服都很贵。在一些小商店里有很多中国生产的衣服，样子也很好看，各种颜色的都有，也很便宜。在这些小商店里买衣服，可以试，还可以问售货员："可以便宜一点儿吗？"你可以花不太多的钱买到很好看的衣服。这，你知道吗？

## 第三节　阅读课教学实践

### 一、自主学习

（1）阅读相关论著。

①国家对外汉语教学领导小组办公室：《高等学校外国留学生汉语教学大纲（长期进修）》，北京语言大学出版社，2002年版。

②李晓琪：《对外汉语阅读与写作教学研究》，商务印书馆，2006年版。

③吕必松：《对外汉语教学概论（讲义）》，教育部汉语作为外语教学能力认定工作委员会，1996年版。

④彭志平：《汉语阅读课教学法》，北京语言大学出版社，2007年版。

⑤杨惠元：《课堂教学理论与实践》，北京语言大学出版社，2007年版。

⑥赵金铭：《对外汉语教学概论》，商务印书馆，2004年版。

（2）观看相关教学录像或慕课，比如可以观看《汉语课堂教学示范·阅读课教学DVD》。

（3）组织学生进入对外汉语阅读课堂听课，记录教学过程。

### 二、实践准备

从阅读课教材（比如《发展汉语·中级阅读》或《汉语阅读教程》）中选择一课，内容包括课文中的生词与课文。教师根据具体情况把学生分成若干组,每组学生选择一课中的一篇课文进行备课、撰写教案,并制作课件。

### 三、模拟教学

请学生在课堂上进行 10 分钟左右的课堂教学展示并录课,老师现场给予评价。没有展示的同学按组在课后录制 10 分钟左右的教学视频提交给老师。老师观看每个教学视频并打分。评价结果作为该课程最终成绩的一部分。

### 四、教学研讨

教学研讨过程中,教师根据学生表现进行评价,结果作为该课最终成绩的一部分。期末成绩的构成可以这样设置:出勤占 10%,实践成绩占 15%,课堂研讨占 15%,期中考试成绩占 20%,期末考试成绩占 40%。

### 五、教学反思

教师根据评价安排学生回看录课视频,并撰写教学反思。

【课后思考】

(1) 有人认为,阅读课是一门单项技能训练课,学习者必须有了一定的词汇量才能进行训练,因此在初级阶段不宜开设汉语阅读课?请谈谈你的看法。

(2) 阅读与听力都属于语言材料的输入,二者有何具体的联系与不同之处?我们如何利用这些联系与不同为我们的教学服务?

(3) 有的学校在中高级阶段分别开设了"精读"与"泛读",你认为分别开设这两门阅读课有何理论依据?

(4) 聂老师给外国留学生上中级汉语阅读这门课,听课老师反映聂老师把阅读课上成了汉语综合课。针对听课教师的意见,你认为聂老师的阅读课可能存在什么问题?你对她的教学有何建议?

# 参考文献

[1] 蔡整莹.初级阶段综合课的性质、目的与任务[M]//李扬.对外汉语教学课程研究.北京:北京语言文化大学出版社,1997.

[2] 卞觉非.汉字教学:教什么?怎么教?[J].语言文字应用,1999(1):72-77.

[3] 李大遂.对外汉字教学的"道"与"术"[J].华文教学与研究,2017(4):40-46,72.

[4] 李泉.国际汉语教学理念与模式创新[C]//北京语言大学对外汉语研究中心.国际汉语教学理念与模式创新:第七届对外汉语国际学术研讨会论文集.北京:外语教学与研究出版社,2011.

[5] 李珠.关于初级阶段综合课的词语教学[J].世界汉语教学,1998(3):72-75.

[6] 刘琨.中级汉语听力教学中教师讲解的原则和方法[J].西安电子科技大学学报(社会科学版),2011(6):116-119.

[7] 刘晓雨.对外汉语口语教学研究综述[J].语言教学与研究,2001(2):27-33.

[8] 卢福波.基础汉语听力课教学的三项基本原则[J].辽宁师范大学学报(社会科学版),1992(6):13-16.

[9] 吕必松.我们怎样教汉语——兼谈汉字教学在汉语教学中的地位和作用[J].汉字文化,2012(2):16-26.

[10] 施正宇.论汉字能力[J].世界汉语教学,1999(2):87-93.

[11] 朱庆明.试论初级阶段综合课教学规范化[M]//王钟华.对外汉语教学初级阶段课程规范.北京:北京语言文化大学出版社,1999.

[12] 蔡整莹.汉语口语课教学法[M].北京:北京语言大学出版社,2009.

[13] 国家对外汉语教学领导小组办公室.高等学校外国留学生汉语教学大纲(长期进修)[M].北京:北京语言大学出版社,2002.

[14] 高燕.对外汉语词汇学[M].上海:华东师范大学出版社,2008.

[15] 胡波.汉语听力课教学法[M].北京:北京语言大学出版社,2007.

[16] 教育部中外语言交流合作中心.国际中文教育中文水平等级标准[M].北京:北京语言大学出版社,2021.

[17] 李晓琪.对外汉语综合课教学研究[M].北京:商务印书馆,2006.

[18] 李晓琪.对外汉语口语课教学研究[M].北京:商务印书馆,2006.

[19] 李晓琪.对外汉语阅读与写作教学研究[M].北京:商务印书馆,2006.

[20] 李晓琪.对外汉语听力教学研究[M].北京:商务印书馆,2006.

[21] 李杨.对外汉语教学课程研究[M].北京:北京语言文化大学出版社,1997.

[22] 卢福波.对外汉语教学实用语法[M].北京:北京语言大学出版社,2016.

[23] 吕必松.对外汉语教学概论(讲义)[M].北京:教育部汉语作为外语教学能力认定工作委员会,1996.

[24] 孙德金.对外汉语词汇及词汇教学研究[M].北京:商务印书馆,2006.

[25] 王钟华.对外汉语教学初级阶段课程规范[M].北京:北京语言文化大学出版社,1999.

[26] 彭志平,吕欣航.汉语阅读课教学法[M].北京:北京语言大学出版社,2007.

[27] 盛炎.语言教学原理[M].重庆:重庆出版社,1990.

[28] 宋海燕.国际汉语教师培养与培训丛书·国际汉语:语音与语音教学[M].北京:高等教育出版社,2013.

[29] 杨惠元.课堂教学理论与实践[M].北京:北京语言大学出版社,2007.

[30] 杨惠元.汉语听力说话教学法[M].北京:北京语言学院出版社,1996.

[31] 杨寄洲.对外汉语教学初级阶段教学大纲[M].北京:北京语言大学出版社,1999.

[32] 张和生.汉语可以这样教——语言要素篇[M].北京:商务印书馆,2006.

[33] 赵金铭.对外汉语教学概论[M].北京:商务印书馆,2004.

[34] 周小兵.对外汉语教学入门[M].2版.广州:中山大学出版社,2009.

[35] 曹文.汉语语音教程[M].北京:北京语言文化大学出版社,2002.

[36] 黄伯荣,廖序东.现代汉语[M].增订六版.北京:高等教育出版社,2017.

[37] 黄均凤,程乐乐.汉语作为第二语言教学法——理论、方法与案例[M].武汉:武汉大学出版社,2017.

[38] 姜丽萍.HSK标准教程3[M].北京:北京语言大学出版社,2014.

[39] 路志英.发展汉语·中级口语[M].2版.北京:北京语言大学出版社,2011.

[40] 施正宇.新编汉字津梁[M].北京:北京大学出版社,2005.

[41] 王淑红.发展汉语·初级口语(第二版)[M].北京:北京语言大学出版社,2012.

[42] 杨寄洲,贾永芬.汉语初级口语教程(上)[M].北京:北京大学出版社,2007.

[43] 杨楠.成功之路·起步篇(第二册)[M].北京:北京语言大学出版社,2008.

[44] 张辉,杨楠.实用汉语教师培训教材系列:汉语综合课教学法[M].北京:北京语言大学出版社,2006.

## 引用作品的版权声明

为了方便学校教师教授和学生学习优秀案例,促进知识传播,本书选用了一些知名网站、公司企业和个人的原创案例作为配套数字资源。这些选用的作为数字资源的案例部分已经标注出处,部分根据网上或图书资料资源信息重新改写而成。基于对这些内容所有者权利的尊重,特在此声明:本案例资源中涉及的版权、著作权等权益,均属于原作品版权人、著作权人。在此,本书作者衷心感谢所有原始作品的相关版权权益人及所属公司对高等教育事业的大力支持!

## 与本书配套的二维码资源使用说明

本书部分课程及与纸质教材配套数字资源以二维码链接的形式呈现。利用手机微信扫码成功后提示微信登录，授权后进入注册页面，填写注册信息。按照提示输入手机号码，点击获取手机验证码，稍等片刻收到4位数的验证码短信，在提示位置输入验证码成功，再设置密码，选择相应专业，点击"立即注册"，注册成功。（若手机已经注册，则在"注册"页面底部选择"已有账号？立即注册"，进入"账号绑定"页面，直接输入手机号和密码登录。）接着提示输入学习码，需刮开教材封面防伪涂层，输入13位学习码（正版图书拥有的一次性使用学习码），输入正确后提示绑定成功，即可查看二维码数字资源。手机第一次登录查看资源成功以后，再次使用二维码资源时，只需在微信端扫码即可登录进入查看。